Dr Y. DAVROU

LE NOUVEAU GUIDE PRATIQUE DE LA SOPHROLOGIE

EDITIONS
RETZ

2, rue du Roule - 75001 Paris

AVERTISSEMENT AU LECTEUR

Le guide pratique de sophrologie *a été édité, pour la première fois, en 1978. Depuis lors, la sophrologie a beaucoup progressé et cette évolution m'a conduit à vous présenter ce* Nouveau guide pratique de sophrologie, *dans lequel les exercices dynamiques et statiques ont été actualisés, ainsi que certaines notions, maintenant dépassées.*
La chronologie de votre développement personnel par la pratique sophrologique a été nettement améliorée par la priorité accordée à la relaxation dynamique.
D'autres techniques ont été mises au point, comme celles permettant l'activation de l'émotion positive et le contrôle de manifestations affectives et émotionnelles désagréables, la dynamisation de la mémoire, la fonction intuitive, etc.
L'objectif de la sophrologie est de rendre l'individu responsable et autonome, afin qu'il puisse assumer sa vie de manière authentique : les événements et les conditionnements doivent être gérés et non subis.

Rappelez-vous que l'essentiel est la pratique. Tout le reste n'est que bavardage.

SOMMAIRE

Sommaire

Sommaire

Introduction à la sophrologie

Les sentiments, les pensées, les émotions, les angoisses, les inquiétudes, se traduisent, toujours, au niveau du corps, par des tensions. Ces tensions musculaires sont plus ou moins profondes, selon le degré d'intensité et la qualité du facteur qui les déclenche.
La peur peut se manifester par des tensions dans la nuque, le dos, les mâchoires. La colère, dans les poings fermés, le front plissé, les lèvres pincées. La joie, dans le « cœur », le ventre, etc.
Le corps est donc, toujours, le siège de ces manifestations, mais nous ne le savons pas, pour la simple et bonne raison que nous ne connaissons pas notre corps!
En effet, l'éducation occidentale privilégie, depuis des siècles, la pensée, en négligeant (en niant même) l'importance du corps. Or, la pensée ne peut maîtriser l'émotion, qui est une pulsion profonde et puissante qu'aucun raisonnement ne peut endiguer.

Nos pulsions sont plus fortes que notre raison

Avez-vous déjà essayé de raisonner un amoureux? Avez-vous déjà essayé de rassurer une personne angoissée, par des « arguments »? C'est inutile.
Par contre, les manifestations corporelles de ces pulsions sont tout à fait contrôlables, par l'intermédiaire de la détente des muscles superficiels et profonds, détente qui va s'étendre à l'esprit, grâce au jeu activateur et désactivateur de tout le système nerveux (formation réticulée, ortho- et para-sympathique, etc.).
Ce système réagit en chaîne. Il faut savoir que la montée de l'émotion entraîne la montée des tensions qui, à leur tour, vont amplifier les émotions, et ainsi de suite...
L'inverse est aussi vrai : la détente musculaire va entraîner une détente mentale, un apaisement qui, à leur tour, vont détendre un peu plus le corps, et ainsi de suite... Nous possédons un véritable « thermostat » de l'émotion qui permet de réguler, automatiquement, l'émotion et les tensions qu'elle entraîne... jusqu'à un certain point. Au-delà de cette limite, il faut que nous

l'aidions, sinon il peut se dérégler et entraîner des lésions, par mauvaise adaptation. C'est ce « thermostat » (en fait, un homéostat *, l'hypothalamus) qui règle nos fonctions végétatives, notamment en commandant l'hypophyse et la sécrétion des hormones.
Nous pouvons donc agir sur nos mécanismes les plus profonds, les plus végétatifs, les plus automatiques. Cela veut dire, aussi, que si nous n'en sommes pas conscients, nous pouvons les détériorer, sans nous en rendre compte...
J'essaye, au travers de ces explications très simplifiées, de vous engager à prendre vos responsabilités en ce qui vous concerne.
Imaginons que nous sommes tous des vases, de tailles et de formes différentes, ouverts à l'extérieur et aux contenus variés et variables. Si le vase est petit, il est vite plein, il en a rapidement « ras le bol » et la moindre goutte le fait déborder... Pour que ce « vase » ne déborde pas tout le temps (ou qu'il ne casse!), il y a deux solutions. La première est celle qui a été préconisée par les différentes écoles actuellement en vigueur, et c'est de vider le vase de son trop-plein, de ses contenus négatifs, afin de faire un peu de place à de nouvelles expériences, et il faudra recommencer (ou ne jamais arrêter!), une fois le vase à nouveau plein...
L'autre solution est celle que la sophrologie préconise : l'augmentation de la capacité du « vase », son développement. Ce vase symbolique est bien concrétisé par le corps, notre « contenant », celui qui reçoit toutes les informations de l'extérieur, celui que nous « présentons » et, peut-être, celui qui « trinque » le plus...

Réconcilions-nous avec notre corps

Puisqu'il est le contenant de tout notre nous-même, apprenons à le connaître, à l'apprécier, à le savourer même. Non seulement

* *homéostat :* appareil destiné à étudier comment un système d'une certaine complexité, abandonné à lui-même, est capable de rechercher un équilibre prédéterminant.

nous ne le connaissons pas, mais on nous a appris que « le silence du corps rassure ». Lorsque nous l'entendons, c'est seulement quand il se plaint : « j'ai mal à la tête », « j'ai mal aux dents, aux pieds, au ventre... j'ai mal partout ! » « Mon foie? Connais pas ! » Mais, pourquoi n'aurions-nous pas, aussi, « bon à la tête », « bon au ventre », « bon partout »? Pourquoi toujours ce négatif? N'y a-t-il pas de place, aussi, pour le positif? Je sais bien qu'une éducation bimillénaire, basée sur le péché de la chair, nous a marqués d'une empreinte difficile à effacer. Il ne s'agissait pourtant là que d'une certaine interprétation... Le doute me paraît, aujourd'hui, permis.
Nous avons besoin, à l'époque de changement que nous vivons, de tous nos moyens, de toutes nos capacités, de toutes nos forces, si nous voulons que notre évolution soit marquée par un « plus » et non par un « moins ». La mobilisation de notre énergie corporelle dynamisera notre conscience.

Concentrons-nous sur les perceptions

Pour connaître le corps, il faut l'écouter. Pour l'entendre, il faut qu'il « parle ». Aussi allons-nous provoquer des contractions, afin que nous puissions, en nous concentrant, percevoir les sensations activées par ces tensions.
La concentration est nettement améliorée par l'élimination des parasites extérieurs. Un bon moyen pour éliminer ces parasites est de fermer les récepteurs : la vue et l'ouïe, surtout. Pour la vue, c'est relativement facile, il suffit de fermer les yeux. Pour l'ouïe, c'est plus difficile, mais il faudra se fermer mentalement aux bruits extérieurs, pour « entendre » nos sons intérieurs. La concentration nécessite un effort de la volonté et c'est là une excellente occasion de la développer.
On va donc commencer par des exercices très simples de concentration sur les efforts des tensions corporelles et de la détente qui suivra.

Tension-détente

Avant de commencer, lisez attentivement ce qui suit, afin de pouvoir le pratiquer sans avoir à rouvrir les yeux.

Installez-vous, confortablement assis sur une chaise, dans une pièce où vous ne risquez pas d'être dérangé pendant une dizaine de minutes (si cela vous paraît, déjà, difficile... il y a les toilettes!).
Fermez les yeux et relâchez-vous, spontanément, autant que possible. Peut-être pouvez-vous sentir les zones de votre corps qui ont du mal à se relâcher? Non? Cela n'est rien, on verra un peu plus tard, lorsque vous vous serez familiarisé avec les messages corporels.
Maintenant, fermez une des mains, serrez bien le poing, en contractant aussi les muscles de l'avant-bras... mais le reste du corps est détendu! Ne serrez pas, par exemple, les mâchoires en même temps! Apprenez à sélectionner vos commandes de tension et de détente.
Relâchez, maintenant, les tensions dans la main et l'avant-bras et, en même temps que vous décontractez cette partie du corps, essayez de vous détendre globalement un peu plus.

Les yeux toujours fermés, accueillez les sensations qui vous parviennent. Donnez un nom à ces messages : chaleur, picotements, fourmillements, pesanteur, légèreté, etc. Comparez ce que vous sentez dans la main et le bras activés avec les sensations dans l'autre membre. Sentez-vous la même chose?
Recommencez cet exercice encore deux fois, en marquant une pause entre les contractions.

La pause est le moment essentiel de l'exercice

Le relâchement musculaire, après la tension, permet un approfondissement, et de la relaxation de tout le corps, et de la détente mentale qui, elle, va favoriser la concentration. Cette concentration, à son tour, va vous permettre le libre choix de votre attention.
Si vous n'avez pas envie de prêter attention aux bruits et à l'agitation extérieure ou à des images qui tentent de s'imposer à vous, il vous suffit de diriger votre concentration sur les sensations que vous venez d'activer.
De plus, cette décontraction après la tension va faciliter votre détente mentale : laissez-vous aller à cette sorte d'engourdissement paisible et intérieur, à cette mise en soi-même, à cette communication intime.

Découvrez votre univers intérieur

Le niveau de vigilance baisse peu à peu et un monde nouveau apparaît alors : votre monde intérieur, animé des murmures profonds de votre être, de la vie.
Faites le même exercice trois fois de l'autre côté. Accueillez les manifestations de cette mobilisation énergétique et chargez-vous de ses bienfaits.
La répétition de cet exercice (plusieurs fois par jour, si possible), simple et rapide, va vous familiariser avec ces mobilisations des

niveaux de conscience et avec la concentration, élément clé de la dynamisation de vos ressources.

Une fois cet exercice pratiqué, trois fois de chaque côté et en respectant les pauses, essentielles entre chaque contraction, avec détente physique et mentale, vous allez reprendre le tonus musculaire nécessaire à l'activité et le niveau de vigilance que réclame l'actualité. Pour cela, vous commencez par respirer, amplement, une ou deux fois; vous remuez l'ensemble du corps en partant des pieds, puis les jambes, le dos et les bras en vous étirant, comme si vous veniez de faire une excellente sieste; enfin, vous ouvrez les yeux. Essayez de noter toutes les modifications que ces dix minutes ont pu vous apporter. N'hésitez pas à consigner ces modifications dans un petit carnet personnel qui pourra, par la suite, vous servir de référence.

La simplicité des exercices que je vous propose comporte un risque : c'est justement leur simplicité! Votre mental, votre raison va, probablement, s'offusquer devant une telle simplification. Or, les mécanismes mis en jeu sont beaucoup plus complexes qu'ils ne paraissent à première vue. C'est pour cette raison que je vais vous expliquer, très simplement aussi, ce qui se passe, en réalité.

Il est vrai que l'essentiel est la pratique et le reste bavardage, mais il faut, pour que votre mental accepte cet entraînement, que je vous en donne les raisons « scientifiques », puisque telle est sa façon de fonctionner.

Ces exercices seront pratiqués pendant une semaine.

L'HARMONIE DE L'ESPRIT

Le mot « Sophrologie » a été inventé par Alfonso Caycedo, psychiatre colombien. Étymologiquement, ce mot vient du grec ancien : *sos,* qui veut dire harmonie, *phren,* l'esprit, et *logos,* traité.
La sophrologie serait donc le traité de l'harmonie de l'esprit. D'autres sens ont été, depuis, donnés à ce mot, mais ce n'est pas là le plus important.
Ce qui est, par contre, très intéressant, c'est que, grâce à la sophrologie, nous avons été obligés de modifier notre conception de l'individu, surtout en médecine, mais aussi en pédagogie, en sociologie et même en philosophie.

Il n'y a pas très longtemps encore, le médecin que je suis soignait des maladies ; j'avais à traiter des cas, des syndromes. L'évolution de la technologie médicale nous avait obligés à nous spécialiser. Vous rencontrez, à l'heure actuelle, des spécialistes en « nez-gorge-oreilles », en « maladies des reins », etc.
Pourtant, cette optique commence à changer car nous sommes quelques-uns à nous être aperçus que si l'organe était malade, c'était parce que l'individu tout entier était en dysharmonie ; le symptôme n'est que la manifestation de cette dysharmonie. On pourrait même dire que le symptôme est la défense de l'individu contre les événements qu'il subit.

La maladie, réflexe de défense

En effet, face aux multiples stress de la vie actuelle, l'individu

doit trouver une parade. Il commence donc par utiliser ce qu'il connaît bien : sa raison. Mais lorsque ses arguments ne suffisent plus pour expliquer sa détresse, ses angoisses, ses manques, ses malheurs, il se sent en perdition et se réfugie alors dans la maladie. Il ne faut pas oublier que la maladie, pour aussi dramatique qu'elle soit, représente néanmoins un moyen de se mettre à l'abri, temporairement ou définitivement, de la responsabilité d'assumer sa vie : arrêt de travail, assistance, ordonnances, régimes, etc.
Cela se passe bien entendu dans les « couches profondes » de la conscience et le malade ne le fait pas exprès. Il s'agit d'une réaction innée de survie, d'un réflexe de défense. La fuite peut être la meilleure solution, face à un danger que l'on ne maîtrise pas. Cependant, la fuite peut ne pas être la bonne solution, surtout lorsque les dangers se font de plus en plus nombreux, de plus en plus divers.
Savez-vous quelle est la maladie actuellement la plus répandue dans le monde occidental? La dépression nerveuse! La personne déprimée « abandonne » la partie! Elle se recroqueville sur elle-même, broyant du noir, n'ayant plus de goût à rien, sans projet... autre que celui de disparaître à jamais. Elle a atteint les limites de rupture de son système. Et comment soigne-t-on la dépression réactionnelle? Avec des antidépresseurs, des tranquillisants, des somnifères..., ce ne sont que des palliatifs qui se veulent temporaires, mais dont l'utilisation se prolonge indéfiniment à cause des rechutes. On entre alors dans le domaine de la chronicité et de la médicalisation à outrance.

Et la sophrologie dans tout ça?

La sophrologie considère l'individu comme un tout

Ce tout est constitué de différentes parties ou fonctions. On peut en distinguer quatre essentielles : la fonction rationnelle, la plus développée aujourd'hui mais qui a ses limites; la fonction sensorielle qui « capte » les choses, les appréhende, représentée par les cinq sens, à laquelle il faut ajouter les perceptions (proprioceptive et intéroceptive); la fonction « sentiment », probablement la plus importante et la moins connue, celle qui donne une « valeur » à ce que la sensorialité capte; et la fonction intuitive, la plus profonde, la plus archaïque, celle qui « devine ».

La sophrologie utilise la raison mais ne la cultive pas particulièrement, puisque nous fonctionnons presque exclusivement avec elle. La fonction sensorielle est la première que les méthodes sophrologiques vont tenter de réactiver. L'animal que nous étions l'avait très développée. Elle n'est pas du tout incompatible avec la raison, bien au contraire : sans sensorialité, il n'y aurait pas de raison! Le cerveau a besoin de stimulations sensorielles pour exister!
La démarche sophrologique va donc commencer par la prise de conscience de la « corporalité », la réintégration (ou l'intégration!) de cette fonction primordiale, au présent. Cela veut dire qu'au moyen de quelques exercices dynamiques et simples, l'individu va prendre conscience de son potentiel corporel, de l'énergie qu'il possède. Il va « se rendre compte » qu'il est, aussi, son corps sain, avec tout le positif qu'il recèle.

Soyez positif

Non pas un « positif » à tous prix, mais que votre manière d'être soit affirmation de la vie.
La science actuelle a eu beaucoup trop tendance à mettre en valeur le côté « négatif » des choses, résultat d'une culture « analytico-logique » outrancière. Il s'agit de rétablir l'équilibre, l'harmonie, en rendant au positif la place qu'il mérite. La vie est une affirmation! Qui n'affirme pas la vie, ne vit pas. Qui n'affirme pas son corps, n'a pas de corps.

Une fois la corporalité intégrée grâce à la concentration perceptive au présent, la progression sophrologique propose une intégration de notre présence dans l'espace, de notre participation au monde. Car nous ne sommes pas seulement un corps perçu « du dedans », mais aussi une présence dans l'espace, parmi les autres. Nous participons, toujours au présent, au monde. C'est une affirmation, une réalité. Nous sommes.
Cette prise de conscience de notre présence est une « prise de confiance » extraordinaire. Je peux vous affirmer, pour en avoir fait maintes fois l'expérience, que très peu de gens se sont rendu compte de cette réalité car ils ne se ressentent pas et ne se voient pas! Alors, qui sont-ils? Où sont-ils? Heureusement, il y a les autres! Les autres vont être les témoins de notre existence, les références : « Comment me trouves-tu? Suis-je bien habillé? M'aimes-tu?... » D'où la mode uniforme, les vacances à la Grande Motte, pour rester en foule et ne pas se retrouver seul...
Ces deux premiers temps de la démarche sophrologique sont le point de départ de l'émancipation véritable, du début de l'autonomie, d'une ébauche de la possibilité de responsabilité authentique.

Contrôlez les émotions

Une fois affirmées la sensation et la participation du corps au présent, nous vous proposons d'aller un peu plus loin en intégrant cette fonction fascinante qu'est le sentiment. Quand vous voyez un tableau, c'est d'abord la vue (sensation) qui est « touchée » puis, immédiatement après, le sentiment : vous aimez ou vous n'aimez pas, comme ça, spontanément, sans « raison »! Et ce n'est qu'après que vous pourrez dire, peut-être, pourquoi vous aimez ou non le tableau.
Le sentiment est toute notre subjectivité, c'est-à-dire notre façon naturelle et spontanée de juger, de ressentir, les choses. C'est la « couleur de notre conscience »; le reflet de l'état de conscience

dans lequel nous sommes : il y a des jours où l'on voit les choses « en rose », d'autres où tout nous paraît « noir »... Ce phénomène prouve bien que nous captons le monde de manière subjective et non pas objective. Cette appréhension dépend donc, pour une bonne part du sentiment.
Le « moteur » du sentiment est l'émotion qui, nous l'avons vu, joue un rôle primordial dans notre équilibre. Or, l'émotion est spontanée et son contrôle échappe à la raison.
L'entraînement sophrologique va permettre de se rendre compte des *« somatisations » de l'émotion* c'est-à-dire *des régions du corps qui réagissent aux émotions, d'en prendre conscience afin de pouvoir en contrôler les manifestations.*
Certaines personnes, ne voulant plus « souffrir », ont décidé d'inhiber toute espèce d'émotion : ils ne ressentent plus rien et restent de marbre devant les événements, quels qu'ils soient. C'est, en effet, une solution... Nous en préconisons une autre : la « localisation » des émotions, afin de les gérer. Savourer les manifestations émotionnelles agréables et neutraliser celles qui nous sont désagréables. C'est la maîtrise de l'émotion, mais, aussi, la responsabilité, par la capacité de relativiser les choses. Car si le sentiment est immature, on a tendance à « absolutiser » les détails, à donner de l'importance à ce qui n'en a pas, à souffrir pour des queues de poire et à ne pas savourer le réel grandiose.

Apprenez à vous situer dans le temps

Le corps intégré, la participation affirmée et le sentiment maîtrisé, l'individu est alors un autre homme. Il pourra envisager l'avenir sous un autre jour, fort de ses potentialités dynamisées.
C'est la nouvelle étape que propose la sophrologie, avec l'activation du futur, l'affirmation du futur. Vous êtes incapables de construire des projets, au-delà de ceux que vous ne pouvez imaginer, tant que cette maturité n'a pas été atteinte.
A partir de ce nouveau présent, solide, développé et responsable,

vous allez pouvoir refaire votre passé, relativiser ce qui avait pu vous sembler, jusqu'alors, important. En effet, la mémoire est la reconstruction du passé, à partir du présent... mais « en reconnaissant le passé comme tel ». Il est donc indispensable de structurer d'abord le présent, puisqu'il est le point de référence, le phare qui éclaire le passé. S'il n'est pas « mature », il jugera le passé de manière « infantile », avec un sentiment adolescent, souffrant de nouveau aux moindres événements « traumatisants » de l'enfance.

On constate que la plupart des gens, n'ayant cultivé que le rationnel, souffrent au présent, sont incapables d'affirmer des projets et redoutent l'évocation de leur passé. Avec le développement de la sensorialité, de la réalité existentielle et du sentiment, avec la maîtrise de l'émotion, l'avenir et le passé présentent de nouvelles facettes, à la « taille » du nouveau présent.
C'est un fait, notre système d'éducation a négligé de cultiver, chez chacun d'entre nous, par le corps et le sentiment, le sens de notre propre identité.

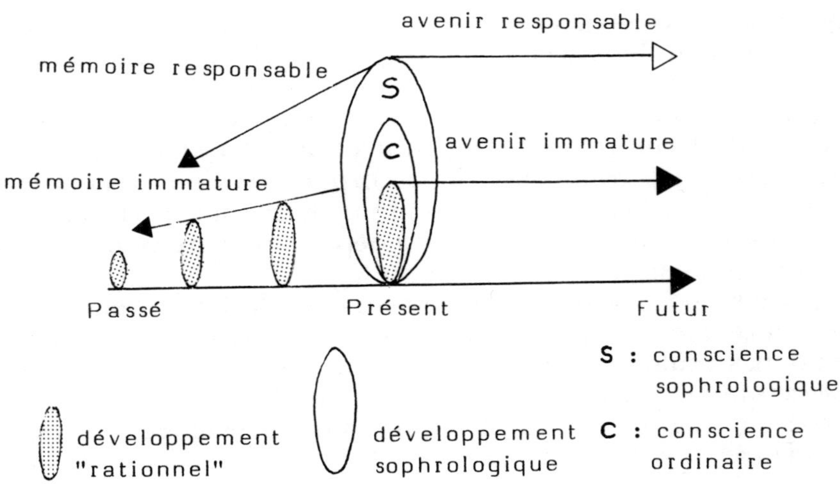

Ne négligez plus votre intuition

Cependant, la progression proposée par la sophrologie ne s'arrête pas là. Ce serait insuffisant et par certains aspects dangereux si on ne développe pas, également, une fonction très importante : l'intuition.
Certes, tout le monde a de l'intuition, les femmes surtout, mais elle est souvent étouffée par la rationalité qui met en avant le doute, toujours à la recherche de preuves. Pourtant, l'intuition permet d'appréhender la vérité, sans participation de la rationalité; c'est une fonction divinatoire... L'intuition nous permet même de saisir des « choses » inconcevables, comme l'Espace-Temps quadridimensionnel, notion tout à fait scientifique de la physique subnucléaire, ou les notions de probabilité, de hasard, de synchronicité, que la raison a beaucoup de mal à se représenter.
L'intuition se manifeste également, comme l'émotion, au niveau du corps, et, comme elle, parfois, sous forme d'images persistantes et d'une sorte de monologue intérieur que l'on écoute... ou que l'on n'écoute pas! Son langage paraît souvent incompréhensible, car c'est un langage symbolique que la raison n'aime pas beaucoup.
Il est, cependant, indispensable de développer cette fonction si l'on veut atteindre à une vie authentique. La maturité acquise par la prise de conscience de la corporalité, de la réalité existentielle dans l'espace et du sentiment, conduit à la personne responsable et autonome. Reste à dépasser encore ce niveau par la transcendance.
La transcendance est ce qui est au-delà de l'expérience. Cela veut dire que nous possédons aussi un potentiel de créativité qui n'est pas seulement celui issu de l'expérience. Nous pouvons créer sans expérience... Nous pouvons aller au-delà de notre expérience. Et c'est l'intuition qui va nous permettre cette transcendance.

En vérité, sommes-nous seulement le fruit de notre expérience vitale? N'avons-nous pas, en nous, très profondément enfouis, les gènes de notre origine primordiale? Nos rêves, parfois, ne nous racontent-ils pas des choses bizarres? Mais ne vous effrayez pas! L'extraordinaire n'est que extra-ordinaire.
Si je vous parle de cela, c'est parce qu'il arrivera, sans doute, une fois votre entraînement bien avancé, un moment où vous désirerez aller plus loin, en savoir plus sur vous-même et ce centre profond qui, parfois, vous « suggère » des choses, vous donne des idées « géniales », étonnantes, vous fait agir de façon inhabituelle, avec la certitude que cela est bien vous-même. Vous voudrez alors, peut-être, communiquer avec votre être profond.

Une personnalité aux nouvelles dimensions

La démarche sophrologique, en développant les potentiels « endormis » de l'individu, permet ainsi un déplacement du centre vital. Au début, ce centre pourrait être situé au niveau de la raison puisqu'elle seule est développée. Ensuite, et au fur et à mesure que l'être mûrit, le centre vital se « déplace ». Lorsque toutes les fonctions sont épanouies, on peut alors parler de centre authentique de la personne.
S'il fallait donner des noms à ces différents centres, je serais tenté d'appeler le « ON », le centre anonyme situé dans la raison.
N'avez-vous, d'ailleurs, pas l'impression que ce ON est ce que l'ON entend toujours lorsqu'une personne parle, un peu comme si elle n'osait pas prendre ses responsabilités!
Ensuite, et une fois la corporalité et le sentiment intégrés, le centre devient plus personnel. Il pourrait alors être nommé le MOI.
Enfin, après épanouissement de l'intuition et ouverture à la créativité, le centre vital authentique peut être atteint, c'est le SOI.
Schématiquement, voici comment cela pourrait être illustré :

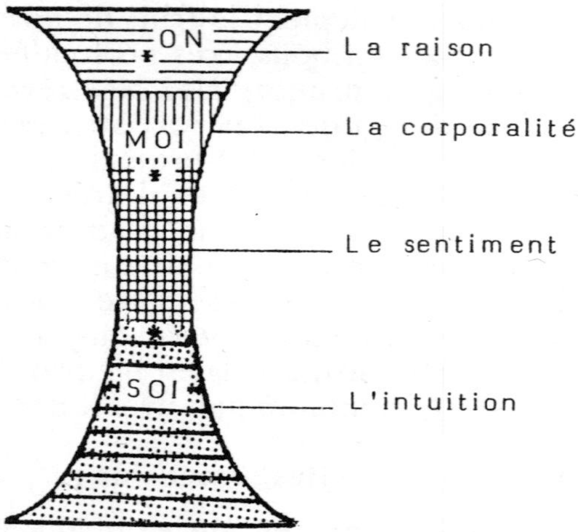

Nous retrouvons là, notre « vase », dont l'épanouissement lui donnera une meilleure assise.
La sophrologie est donc le traité de l'harmonie de l'esprit. Par ses techniques et ses méthodes, elle va permettre à l'individu de prendre conscience de ses différentes fonctions, de les intégrer, afin de les maîtriser.

Mobilisez votre conscience

En simplifiant, on peut dire que la conscience a deux grands rôles : « capter », d'une part, les choses, les intégrer, d'autre part, c'est-à-dire les assimiler en les organisant, à la manière de chacun. Elle capte grâce à la lumière de la conscience et organise grâce à sa tonicité.
Mieux nous captons et organisons les choses et plus nous nous approchons de la réalité des choses. Et pour bien le faire il faut, en plus, être attentif, savoir se concentrer.

Attention, se concentrer ne veut pas dire se fermer, s'obnubiler, bien au contraire. Un exemple : pour bien écouter un concert, il faut savoir s'ouvrir à toute la musique et ne pas s'obnubiler sur un violon!
Cette troisième donnée de la conscience est son champ qui peut être « large » ou « étroit », selon ses objectifs.

Lorsque les trois « paramètres » de la force de la conscience sont parfaitement développés, alors, elle est capable d'approcher la réalité du monde. Car il est évident que le monde n'est pas tel que nous le concevons... Nous nous faisons une idée du monde, nous nous le représentons selon notre lumière, tonicité et champ de conscience. Van Gogh, à la fin de sa vie, voyait et peignait le monde avec beaucoup de clarté (soleils) mais moins de formes. Il avait perdu sa tonicité. Il avait une hypotonie de la conscience.
Vous connaissez toutes les difficultés rencontrées par les enquêteurs lorsqu'ils font appel aux témoignages... Personne, ou presque, n'a vu ou entendu les mêmes choses! Faut-il penser que les témoins ont menti? Absolument pas! Ils n'ont pas les mêmes clartés, tonicités et champs de conscience. L'entraînement sophrologique va nous permettre de dynamiser, de mobiliser notre conscience, en développant tous ses paramètres de manière harmonieuse.

Apprendre à mieux vivre, à mieux être, grâce à des techniques et méthodes simples, c'est très exactement le but que je vous propose à l'aide des exercices que je vous présente maintenant.

LE DÉROULEMENT SOPHROLOGIQUE

Toutes les techniques et méthodes sophrologiques ont été codifiées selon le même schéma :
– présentation de la méthode,
– acceptation de la méthode,
– sophronisation,
– activation intrasophronique,
– désophronisation,
– dialogue postsophronique.

La présentation de la méthode, comme son nom l'indique, est une explication aussi précise que possible du déroulement de la séance, de ses objectifs, des mécanismes impliqués, etc.

L'accord du (ou des) participant est absolument indispensable, étant donné que l'objectif de la sophrologie, je le rappelle, est l'autonomie et la responsabilité de l'individu.

La sophronisation proprement dite comprend deux temps essentiels : la relaxation physique et la détente mentale. Nous verrons en détail ces deux temps.

L'activation intrasophronique est la réalisation de la méthode choisie, une fois obtenue la relaxation et la détente.

La désophronisation marque la fin de la sophronisation, avec la reprise du tonus musculaire nécessaire à l'activité et le retour au niveau de vigilance requis par l'actualité.

Le dialogue postsophronique est l'expression, orale ou écrite, du vécu de la séance.

La sophronisation

La sophronisation est donc une relaxation musculaire et une détente mentale.
La relaxation a été codifiée de manière stéréotypée pour pouvoir être acquise très facilement et très rapidement :
– installation confortable : debout, assis ou couché,
– fermeture (si possible) des yeux,
– relâchement du corps, de haut en bas. Cela s'avère justifié, neurophysiologiquement parlant.

Relaxez-vous totalement

Le relâchement commence par le cuir chevelu, le front et les tempes, puis se poursuit par les sourcils, la racine du nez et le nez; les paupières et les globes oculaires; les joues, les mâchoires, les lèvres et l'intérieur même de la bouche, la langue.
Ensuite, décontraction des épaules, des bras, des avant-bras et des mains (la nuque et tout le cou peuvent ainsi se décomprimer).
Puis, relaxation du dos : les omoplates, toute la colonne vertébrale, la région dorsale et lombaire. En même temps que le dos, relâchement de la cage thoracique, de la ceinture et de la région abdominale (le ventre), libérant la respiration.
Ensuite, relaxation du bassin : les fessiers, les hanches, le bas-ventre et le plancher du bassin, le périnée.
Enfin, décontraction des cuisses, des genoux, des jambes et des pieds.

Pendant toute la durée de cette relaxation, l'attention est portée sur les différentes sensations perçues, au fur et à mesure que les muscles se relâchent.

Approfondissez la vigilance de votre esprit

Une fois la relaxation musculaire obtenue, il s'agira d'approfondir le niveau de vigilance déjà induit par cette décontraction. Pour cela, il suffit de fixer l'attention sur la respiration et, surtout, sur l'expiration et se laisser aller au calme induit par le « soupir », tout en approfondissant le niveau de vigilance, par paliers successifs et descendre, ainsi, jusqu'au bord du sommeil.

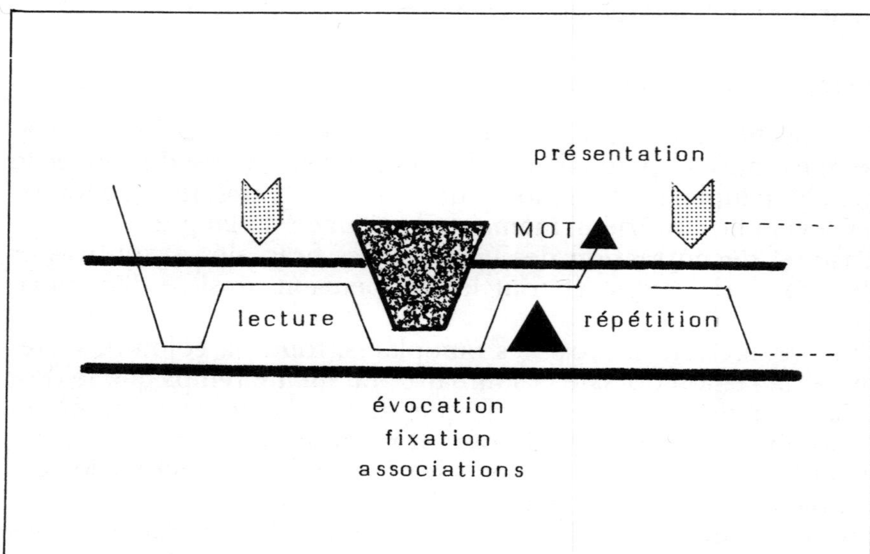

La sophronisation, avec la relaxation et la détente, passe par un niveau de vigilance tout à fait naturel, situé entre veille et sommeil, que nous traversons au moins deux fois par 24 heures, le soir à l'endormissement et le matin au réveil (quatre fois... pour ceux qui font la sieste!). C'est ce qu'on appelle, en sophrologie, le niveau sophroliminal.

Qu'est-ce que le niveau sophroliminal?

Ce niveau est tout à fait passionnant, ses caractéristiques bien particulières justifient largement son emploi en sophrologie.
Avant tout, il permet l'intégration, c'est-à-dire que les sensations perçues à ce niveau vont être assimilées. Nous allons pouvoir faire UN avec ces sensations. Au lieu d'« avoir » un corps, nous pourrons « être » notre corps.
Il permet, d'autre part, l'augmentation de nos capacités d'imagination. La production d'images y est grandement facilitée.
Il développe aussi l'« expectative », c'est là que nous pouvons « reprendre goût à », « avoir envie de », trouver ou retrouver nos motivations.
Le « séjour » dans ce niveau est équilibrant, restructurant, apaisant, quelquefois même meilleur que le sommeil, nous le verrons.
Il favorise la concentration, faculté dont nous avons tant besoin... et qui nous manque tellement. Il améliore la mémoire, tant celle du passé que celle du présent, pour un nouvel apprentissage.
Il n'a qu'un défaut, c'est de faciliter aussi le conditionnement. C'est un défaut car il met en évidence notre faiblesse, notre malléabilité, mais c'est une qualité si, comme dans le cas de ce guide pratique, vous n'avez à craindre les suggestions de personne... sinon de vous-même. On verra que l'on peut profiter alors de ce « défaut » et le transformer en qualité d'autoconditionnement positif.

Ce sont ces caractéristiques qui sont à la base des activations intrasophroniques. On utilisera, chaque fois, telle ou telle caractéristique pour renforcer une qualité.

Comment se reprendre?

La désophronisation est donc le retour à la vigilance et au tonus musculaire nécessaire à l'activité. Il suffit pour cela de respirer, amplement, plusieurs fois, de contracter doucement et progressivement le corps, de bas en haut, des pieds à la tête, et de n'ouvrir les yeux que lorsque l'on est certain d'avoir entièrement récupéré, et le tonus et la vigilance du niveau de veille.

Le dialogue postsophronique est également très important car si l'on n'exprime pas tout le vécu de la séance, il risque de rester dans les archives, sans profit véritable. Alors que l'expression, verbale ou, mieux, écrite, pourra actualiser les bénéfices obtenus.

LES TECHNIQUES SOPHROLOGIQUES

Elles sont classées en deux grandes catégories :
– *les techniques statiques*
– *et les méthodes dynamiques.*

Cette division n'est, en fait, qu'une convention, car toutes les techniques sont dynamiques. Mais certaines ont recours à des mouvements et ce sont celles-là que nous appelons dynamiques. Les autres ne sont dynamiques « qu'en dedans » et ne comportent pas de mouvements.

Comme je vous l'ai dit au début, toutes agissent sur les trois paramètres de notre existence : le présent, d'abord, le futur ensuite, et, enfin le passé. C'est cette chronologie que nous allons suivre en insistant sur les méthodes dynamiques. Nous commencerons donc par la *relaxation dynamique du premier degré* (une fois bien assimilée la sophronisation simple, voir ci-dessus).

Parallèlement à la pratique de la relaxation dynamique du premier degré, nous activerons la prise de conscience de la sensorialité et du paramètre du présent par des techniques statiques.

Ensuite, nous stimulerons la fonction sentiment dans la relaxation dynamique du deuxième degré et des techniques statiques de prise de conscience et de maîtrise de l'émotion (toujours au présent).

Puis le paramètre du futur par des techniques statiques; enfin, le paramètre du passé, en prenant conscience des différents niveaux de mémoires. Nous terminerons par la prise de conscience de l'intuition, par la stimulation de l'imagination et la relaxation dynamique méditative du troisième degré.

La sensation au présent

La sensorialité

L'exercice, avec lequel vous vous êtes entraîné pendant une semaine, vous a aidé à vous concentrer et à prendre conscience des modifications sensorielles apportées par l'amplification des perceptions pendant les contractions.
Nous allons aller un peu plus loin en apprenant, pour commencer, la sophronisation simple à proprement parler.

Lisez bien le texte avant de débuter votre entraînement, afin de n'avoir plus besoin d'ouvrir les yeux.

La sophronisation simple

Installez-vous confortablement, de préférence en position assise, pour ne pas courir le « risque » de vous endormir...
Fermez les yeux et relâchez, globalement, votre corps.
Commencez votre sophronisation en fixant votre attention sur la tête et le visage. Vous laissez aller les muscles et la peau du cuir chevelu, du front et des tempes. Sentez bien ce qui se passe. Faites en sorte que votre front devienne « lisse ».
Laissez, aussi, aller vos sourcils, la racine de votre nez (là où il y a souvent des plis) et tout votre nez (notamment les ailes). Appréciez vos propres sensations.
Relâchez maintenant les paupières. Si elles continuent de battre, imperceptiblement, ça ne fait rien, laissez faire. Derrière les

paupières, laissez aller les globes oculaires, un peu comme s'ils pouvaient s'« étaler »... Appréciez bien le calme que cela donne. Décontractez aussi les joues, les mâchoires (souvent très crispées), les lèvres (souvent pincées) et toute la bouche, notamment la langue. Appréciez bien toutes les nouvelles sensations que peut procurer un visage détendu.

Une fois le visage bien relâché, laisser aller les épaules (en général, elles descendent...), les bras, les avant-bras, les poignets et les mains, jusqu'au bout des doigts. Percevez bien ce qui se passe dans la pulpe des doigts, les ongles. Plus votre concentration sera bonne, plus vous percevrez de sensations fines.
Pendant la décontraction des membres supérieurs, c'est tout le cou qui va pouvoir se décomprimer, la gorge, la nuque. Trouvez alors une bonne position pour la tête, en équilibre, avec le moins de tensions possible.

Relâchez maintenant le dos à partir des omoplates, toute la colonne vertébrale jusqu'à la région lombaire, les reins. En même temps que le dos, décontractez le reste de la cage thoracique, la poitrine, la ceinture. Laissez bien aller aussi le ventre. Appréciez alors votre respiration. Que font la poitrine et le ventre à l'inspiration et à l'expiration? Savourez l'air qui entre et qui sort, librement et sans contraintes. L'air est notre « carburant » numéro 1! Essayez de suivre son trajet, dans vos bronches, dans vos poumons. Prenez conscience ainsi de vous-même.
Décontractez aussi le bassin : fesses, bas-ventre, organes génitaux, périnée (ou plancher, entre les organes génitaux et l'anus), hanches.
Enfin, relâchez les cuisses, les genoux, les mollets et les jambes, les chevilles et les pieds. Percevez tous les messages sensoriels que vous adresse votre corps et savourez-les.

Savourez vos sensations

Une fois le corps bien relâché et la respiration libre, vous pouvez

approfondir le niveau de vigilance : déjà bien détendu, à chaque expiration, vous vous laissez aller dans ce calme intérieur, dans cette communication intime avec vous-même, dans cette « communion » avec vos propres sensations. Par palliers successifs, toujours au rythme de l'expiration, vous vous laissez glisser, doucement, vers le sommeil (sans toutefois y tomber, car tel n'est pas le but).
Une fois relaxé et détendu, accordez-vous un moment, le plus important, celui de la récupération, de l'appréciation de toutes ces sensations corporelles. C'est à travers elles que vous allez intégrer votre corporalité au présent. Savourez-les. Essayez de bénéficier des sensations agréables en vous « réconciliant » avec votre corps.

Après quelques minutes (deux ou trois) de cette paix intérieure, vous allez retrouver le tonus nécessaire à l'activité et votre vigilance. Respirez amplement plusieurs fois, bougez les jambes, les bras, étirez-vous comme si vous veniez de passer une excellente nuit, et ce n'est que lorsque vous aurez la certitude d'avoir entièrement récupéré votre tonus et votre vigilance que vous ouvrirez les yeux.

Tenez votre journal sophrologique

Reprenez « vos esprits » et notez sur votre carnet de bord ou votre « journal sophrologique » (voir exemple ci-après) toutes les impressions, sensations et réflexions que l'expérience que vous venez de vivre a suscitées en vous. Appréciez également les modifications apportées à votre « état », après l'entraînement.

Pratiquez cette sophronisation simple pendant une semaine, avant de poursuivre les autres techniques. Vous pourrez en bénéficier alors beaucoup plus.

Exemple de « journal sophrologique »

Jour	*Heure*	*Technique d'entraînement*	*Impressions positives*	*Impressions moins positives*

Apprenez à respirer

Vous savez, maintenant, parfaitement vous relaxer et vous détendre mentalement. Vous avez aussi commencé à percevoir votre corps.
Je vais vous indiquer quelques exercices de relaxation dynamique pour apprendre, d'une part, à se relaxer et à se détendre aussi en position debout (ça peut servir!) et, d'autre part, prendre encore mieux conscience de son corps dans le mouvement et après le mouvement.

Comme d'habitude, lisez bien ceci avant de commencer afin de vous libérer du texte.

Relaxez-vous... debout

Placez-vous debout, bien campé sur vos jambes légèrement écartées, les genoux décontractés afin de pouvoir sentir votre centre de gravité dans le bassin, un peu comme si vous vous « asseyiez dans vos fesses ».
Relâchez globalement votre corps (maintenant, vous savez quand une zone reste tendue), fermez les yeux et mettez en route le processus de sophronisation, tel que vous l'avez déjà pratiqué pendant une semaine.
D'abord la décontraction du corps, de la tête aux pieds, en détaillant chaque partie et en appréciant toutes les sensations, au fur et à mesure du relâchement des muscles, de la peau et, même, plus profondément.

Il est évident que vous devrez garder quelques groupes musculaires en contraction pour maintenir la posture debout, notamment dans les jambes...

Ensuite la détente mentale, avec approfondissement du niveau de vigilance. Avec l'entraînement, vous constaterez que la position debout n'est pas un empêchement à cette détente mentale.
Une fois bien relaxé et détendu, vous pouvez pratiquer une activation intrasophronique avec des exercices qui vont vous apprendre à respirer « à l'endroit » et à « changer d'air » en renouvelant votre oxygène.

Apprenez à respirer convenablement

Placez une main sur le ventre et le dos de l'autre derrière vous, à la hauteur de la charnière lombaire. Prenez d'abord conscience de votre respiration habituelle. A l'inspiration, la poitrine se gonfle, ce qui est normal... Mais que fait votre ventre? Notre éducation, hélas, a souvent incité une respiration à l'envers. Est-ce votre cas? Normalement votre ventre doit se gonfler, c'est-à-dire « sortir », à l'inspiration. Appréciez bien la manière dont vous respirez afin de la corriger si elle est erronée.
Pour respirer à l'endroit, il vous suffit d'appuyer sur votre ventre avec la main, tout en expirant, en soufflant l'air. Lorsque vous serez « à bout de souffle », automatiquement le ventre se gonflera en même temps que vous inspirerez.
Une fois que la bonne respiration sera mise en place, appréciez, entre vos deux mains, l'écartement à l'inspiration et le rapprochement à l'expiration. Vous pouvez, si vous le désirez, amplifier ou accélérer le mouvement respiratoire. Prenez bien conscience de ce mouvement, faites-le vôtre afin qu'il devienne, peu à peu, automatique. Vous mettrez ainsi, plus d'air dans vos poumons et, donc, plus d'oxygène... et plus d'énergie.

La sensation au présent

Entre deux, reposez-vous, récupérez en appréciant toutes les sensations amplifiées. Intégrez ainsi, peu à peu votre corporalité, au présent.
Après quelques répétitions de cet exercice, vous allez passer au deuxième.

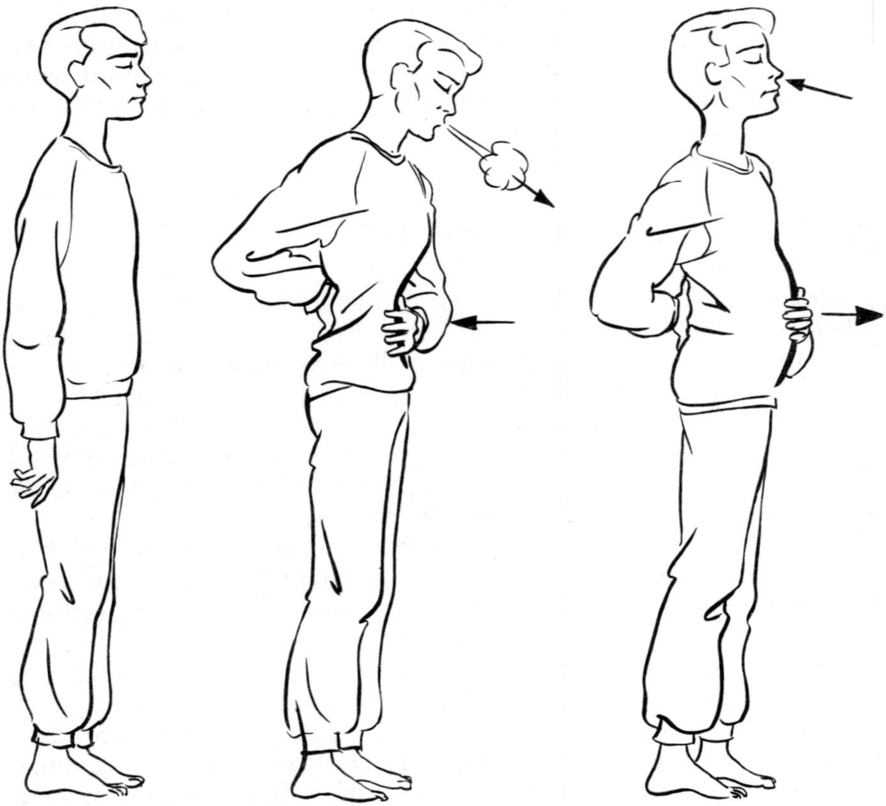

expiration inspiration

Renouvelez votre oxygène

Vous savez respirer « à l'endroit »!
Prenez, maintenant, une grande inspiration en gonflant le ventre, et haussez plusieurs fois les épaules, soit en gardant l'air pendant quelques secondes avant de le souffler, soit en soufflant pendant que vous haussez les épaules, comme vous voudrez.
Marquez une pause, récupérez en percevant bien toutes les modifications apportées par l'exercice. Relâchez, chaque fois un peu plus, votre corps et détendez-vous mentalement un peu plus profondément. Profitez de cette alternance : après la tension, la détente.

Recommencez trois fois cet exercice en marquant les pauses, puis asseyez-vous confortablement.
Une fois assis, relâchez bien les jambes, en savourant la décompression après la tension. Accueillez cette libération de la circulation sanguine jusqu'aux orteils. Mais relâchez aussi le visage, les épaules et les bras, le buste, le bassin. Approfondissez encore le niveau de vigilance et écoutez, accueillez, savourez les effets de cette mobilisation, de cette dynamisation. Percevez bien vos propres sensations pour intégrer votre corporalité présente, mais aussi cette dynamisation énergétique.
Cette Force qui est en vous, comment se manifeste-t-elle?
Pendant quelques instants, savourez tout cela en vous-même.

Comment dynamiser vos qualités

Puis, et si vous le désirez, vous pouvez profiter de cette disponibilité, de ce calme intérieur, pour activer une qualité que vous auriez envie de renforcer, grâce à l'autoconditionnement dont je vous ai déjà parlé. Il vous suffit, chaque fois que vous expirez, de mentionner, pour vous-même, le nom de la qualité à dynamiser. C'est un peu comme si vous vous autopersuadiez du renforcement de cette qualité.

La sensation au présent

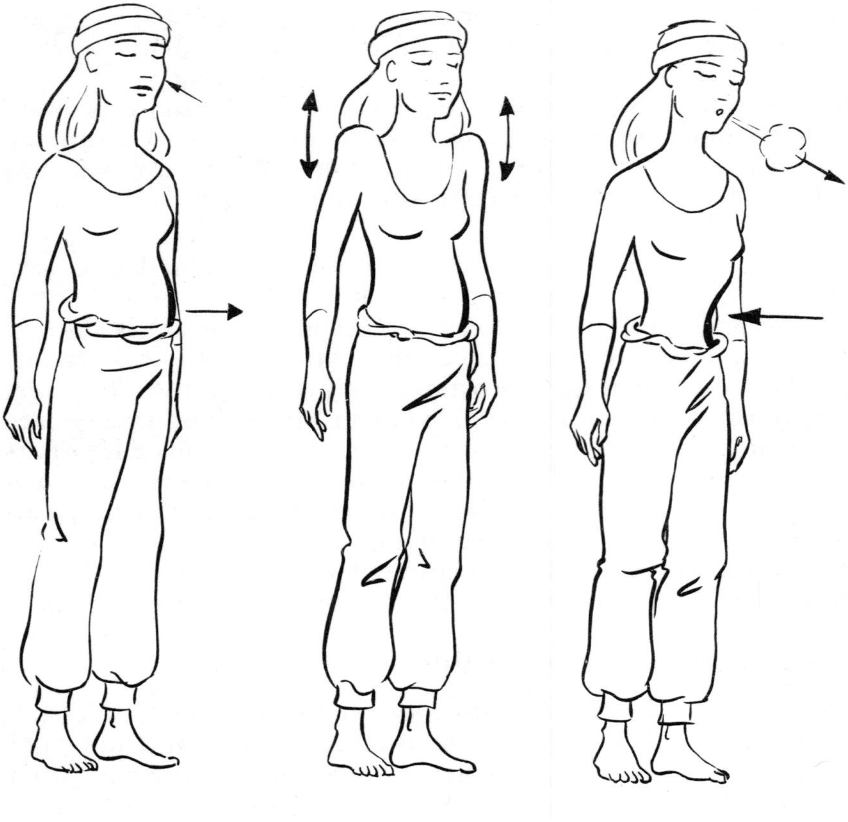

inspiration — haussement d'épaules — expiration

Je n'ai, évidemment, pas à vous dire quelle qualité il vous faut dynamiser... ni personne d'autre, d'ailleurs, que vous-même! Attention aux manipulateurs; vous êtes seul juge de ce qui vous convient.

Une fois bien reposé et dynamisé, vous reprenez, tranquillement le tonus musculaire de l'activité et le niveau de vigilance de l'actualité en effectuant la désophronisation, telle que vous la connaissez. N'ouvrez les yeux qu'une fois bien « réveillé ».

N'oubliez pas de noter sur votre journal sophrologique ce que votre expérience vous a apporté, en commençant par les résultats positifs.

Cet exercice est pratiqué deux fois par jour, un quart d'heure avant le petit déjeuner et avant le dîner.

Et dans la vie quotidienne...

En thérapie sophrologique, c'est par cet exercice que je commence toujours, dans les cas de dépression réactionnelle, c'est-à-dire lorsque la personne, se trouvant débordée par des événements pénibles, n'a d'autre solution que d'abandonner la partie et de se réfugier dans une inertie « pathologique ».
En général, il s'agit de personnes qui n'ont plus d'énergie utilisable pour les moindres gestes quotidiens et pour le moindre projet. Cet exercice, en leur apprenant à mieux respirer et à mobiliser l'énergie biologique, leur procure un bienfait immédiat qu'il suffit, ensuite, d'entretenir, régulièrement. Cela est d'autant plus valable qu'en prenant conscience de leur corporalité, les dépressifs vont aussi prendre confiance. Alors qu'ils n'avaient que leur mental « malade » pour se défendre, ils vont découvrir, en leur corporalité, une alliée forte et solide.

Apprendre à se détendre dans la tension

La sophronisation, en position debout ou assise, n'a plus de secret pour vous. Vous respirez, maintenant, « à l'endroit ». Vous savez mobiliser votre énergie lorsque vous en avez besoin (en cas de fatigue, avant une épreuve sportive ou un examen, etc.).
Vous pouvez aussi apprendre à vous détendre dans la tension.

Comme toujours, lisez attentivement avant de commencer.

Installez-vous en position debout. Faites quelques mouvements d'échauffement musculaire (comme des sautillements sur place) pour réveiller votre corps. Campez-vous bien sur vos jambes en trouvant votre équilibre et votre centre de gravité dans le bassin.
Fermez les yeux et relâchez bien votre corps, spontanément, en essayant d'éliminer toutes les tensions inutiles.
Mettez en route le processus de sophronisation que vous connaissez bien par la relaxation physique, d'abord, suivie de la détente mentale, avec approfondissement du niveau de vigilance, dans le plan le plus profond, celui du niveau sophroliminal.

« Soulevez un poids »

Une fois bien relâché et détendu, vous allez pratiquer une acti-

vation intrasophronique avec un premier exercice qui consiste à contracter une moitié du corps, la droite, par exemple.
En inspirant l'air, vous vous penchez sur la droite pour aller chercher un poids imaginaire qui se trouverait à côté de votre pied droit. Tout le poids du corps se trouve donc sur la jambe droite.
Vous « prenez » le poids imaginaire (il est lourd!) et, en soufflant l'air, vous le levez en force, jusqu'au-dessus de la tête.
Revenez, maintenant, à la position de départ. Récupérez pendant quelques instants en prenant bien conscience des sensations amplifiées à droite et, en principe, non activées à gauche. En effet, vous n'auriez dû utiliser que les muscles de votre demi-corps droit pour soulever le poids. Si vous sentez aussi des tensions résiduelles à gauche, c'est que vous ne savez pas encore sélectionner les tensions utiles et inutiles.
Recommencez encore deux fois, en essayant de ne contracter que les seuls muscles indispensables. Marquez une pause après chaque exercice pour prendre conscience et intégrer les sensations.
Faites de même à gauche.

Puis, en vous campant bien sur les deux jambes, vous allez soulever une poutre imaginaire, avec les deux bras, en la portant haut, au-dessus de la tête. Répétez aussi trois fois cet exercice, en marquant, comme toujours, des pauses, afin de récupérer et d'intégrer, dans ce niveau profond de vigilance, les perceptions activées.

« Touchez le plafond »

Vous allez, maintenant, faire un exercice presque identique, mais au lieu de soulever un poids, essayez, cette fois, de toucher le plafond, d'abord avec la main droite, en vous appuyant sur votre pied gauche et en inspirant pendant l'exercice. Trois fois.

La sensation au présent

La sensation au présent

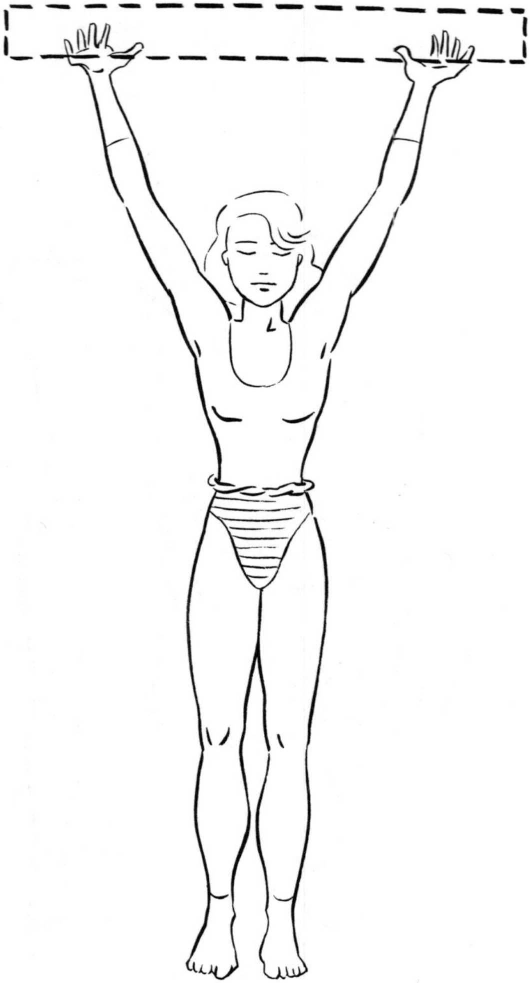

La sensation au présent

Sentez-vous la différence de sensations entre la contraction (le poids) et l'extension?
Faites de même avec le bras gauche (en prenant appui sur la jambe droite), puis avec les deux bras (étirez-vous au maximum vers le haut).
Une fois terminé cet exercice, asseyez-vous, relâchez-vous et détendez-vous mentalement. Savourez toutes les sensations. Peu à peu, à ce niveau profond de vigilance, vous intégrez votre corporalité au présent. Vous êtes, aussi, votre corps. Fixez bien votre attention sur ces perceptions profondes qui vous parviennent.

Concentrez-vous sur une image neutre

Si des idées ou des images parasites vous dérangent, vous pouvez prendre une image neutre, afin de fixer votre imagination. Par exemple, un élément naturel : un arbre, un lac, un rocher ou quoi que ce soit d'autre, pourvu que cela n'éveille pas de souvenirs émotionnels.
Ainsi, votre concentration principale est focalisée sur les sensations corporelles, mais vous pouvez faire appel, de temps à autre, à l'image neutre et naturelle que vous avez choisie, au cas où vous seriez perturbé. Accordez-vous ces trois ou quatre minutes de repos et de récupération, elles sont essentielles.
Reprenez la position debout en essayant de ne contracter que les seuls muscles indispensables. Savourez alors cette nouvelle position debout, sans tensions inutiles, en équilibre stable et dans votre centre de gravité. Essayez aussi de garder le niveau profond de vigilance que vous avez obtenu pendant la pause.

Les moulinets de bras

Vous allez faire un nouvel exercice qui va encore améliorer votre capacité de détente dans la tension.

En inspirant l'air, levez un bras (le droit, par exemple) tout en fermant le poing et, pendant la rétention d'air, effectuez un moulinet autour de l'épaule. Enfin, en expirant, lancez le poing en avant et gardez le bras droit tendu. Détendez alors tout ce qui n'est pas le bras droit : visage (s'est-il crispé?), l'autre bras, dos, tout le buste, bassin, jambes.
Essayez de retrouver le niveau profond de vigilance en faisant appel, si vous le désirez, à votre image neutre et naturelle.
Seul votre bras droit reste tendu, tout le reste du corps est parfaitement relâché. De plus, vous pouvez vous détendre mentalement, malgré la tension physique : c'est l'apprentissage, difficile, de la détente au sein même de la tension.
Ne focalisez pas votre attention sur le bras droit tendu. Il risque de devenir douloureux. Fixez, au contraire, toute votre attention sur les sensations agréables, dues à la décontraction des autres parties du corps. Apprenez, ainsi, à affiner votre sélection dans le choix de votre concentration. En « oubliant » votre bras droit, celui-ci restera « indolore » pendant très longtemps.
Relâchez le bras tendu, ouvrez la main et appréciez les perceptions amplifiées que vous pouvez comparer avec l'autre côté, non encore activé.
Après cette pause, faites de même avec l'autre bras puis avec les deux bras, ensemble.

Maintenant, asseyez-vous, reposez-vous. Savourez cette dynamisation énergétique de tout votre corps, de tout votre être. Accordez-vous trois à quatre minutes de récupération pour intégrer le bénéfice de vos exercices.
Peu à peu, votre corps ne vous est plus étranger, il est vous-même. Vous pouvez profiter de cette pause pour vous familiariser un peu plus avec votre image neutre et naturelle.

Avant d'effectuer la désophronisation, utilisez votre disponibilité pour remplacer cette image par la formulation de la qualité que vous désirez renforcer.

La sensation au présent

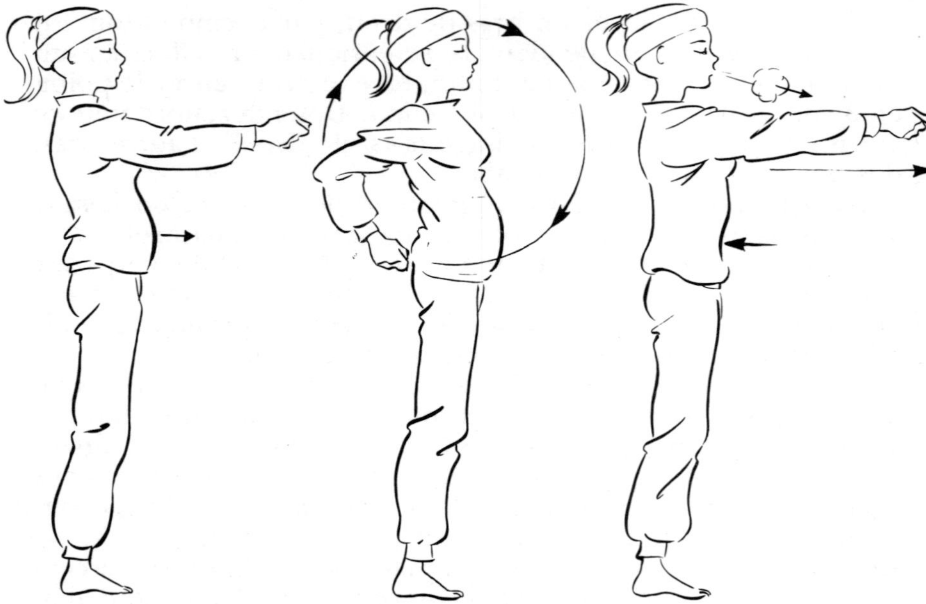

respiration rétention expiration

On peut mettre encore à profit cette période de repos pour pratiquer l'exercice statique que l'on voudra et que nous verrons, au fur et à mesure de vos progrès.

Et dans la vie quotidienne...

En dehors de l'objectif essentiel : prise de conscience et intégration du corps, nous avons vu que ces exercices permettaient d'améliorer la concentration, la sélection et l'art de la détente au sein de la tension.
Une application particulière de ce genre d'exercice est tout à fait indiquée dans la préparation à la naissance et à la maternité

responsable. En effet, au cours de l'accouchement, le but recherché est exactement le même : relâchement du corps (sauf l'utérus!) et détente mentale. La future maman peut apprendre à se concentrer sur les parties décontractées de son corps et non sur les contractions utérines qui s'en trouveront renforcées. Dans les préparations sportives également, cet apprentissage de la sélection tension-détente trouvera un terrain privilégié d'application.

La circulation de l'énergie

Vous savez maintenant vous relaxer, vous détendre mentalement, vous concentrer, focaliser votre attention en sélectionnant, vous détendre même dans la tension.
Je vous propose, pendant cette nouvelle semaine d'entraînement, d'apprendre à faire circuler, librement, cette énergie, tout en continuant d'intégrer votre corporalité, au présent.
Pour cela, une série de quatre exercices choisis dans ce but, auxquels vous pourrez ajouter, à la fin, une technique statique. Elle vous permettra de situer le présent, par rapport au passé comme au futur, de faire appel à des sensations agréables afin d'en « neutraliser », au présent, de moins agréables et, même, de programmer ces sensations positives, dans le futur.

Je vous explique le déroulement de la séance. Lisez, d'abord, pour pouvoir pratiquer, sans avoir à ouvrir les yeux.

Vous avez trouvé le moment idéal pour pratiquer, ainsi que l'endroit adéquat.
Placez-vous en position debout, faites votre échauffement habituel afin de « réveiller » votre corps; relâchez, globalement toutes les tensions inutiles et évidentes et fermez les yeux.
Mettez alors en route le processus de sophronisation par une relaxation progressive de tout le corps, de haut en bas, suivi de

l'approfondissement du niveau de vigilance, entre veille et sommeil.
Un bon moyen de contrôler votre détente mentale est de faire appel à votre image neutre et naturelle. Lorsque vous la « verrez » parfaitement, vous serez au bon niveau.

Effectuez maintenant l'exercice que vous connaissez bien, celui du haussement d'épaules qui va vous permettre de renouveler l'air des poumons. Vous allez ainsi « faire le plein de super », d'oxygène ; la base même de l'énergie.
Je vous le rappelle : inspiration, haussement des épaules, expiration, pause. Faites-le trois fois et marquez bien le temps d'arrêt nécessaire à la prise de conscience, tout en approfondissant votre détente mentale.

Le « barattage » abdominal

Ensuite, vous allez pouvoir « mettre le moteur en marche » en pratiquant l'exercice suivant.
Toujours debout et bien relâché, vous inspirez en gonflant le ventre, puis vous expirez tout en vous penchant en avant et en prenant appui sur les cuisses. Soufflez complètement l'air, en rentrant, à fond, le ventre, un peu comme si vous vouliez toucher votre dos avec le nombril...
Une fois la totalité de l'air expiré, vous bloquez la respiration et vous rentrez le ventre. Ce dernier temps est indispensable car, l'expiration étant un geste actif, votre ventre est contracté. Pour pouvoir le bouger, il faut le détendre, donc le rentrer. A la lecture de cet exercice, vous pouvez essayer de le pratiquer pour bien l'assimiler.
Une fois le ventre « rentré », essayez de le bouger, dans une sorte de « massage » de vos organes vitaux.
Ensuite, vous vous relevez en inspirant l'air, relâchez-vous de nouveau en approfondissant le niveau de vigilance. Appréciez la foule de sensations nouvelles perçues dans cette région du ventre, si mal connue.

La sensation au présent

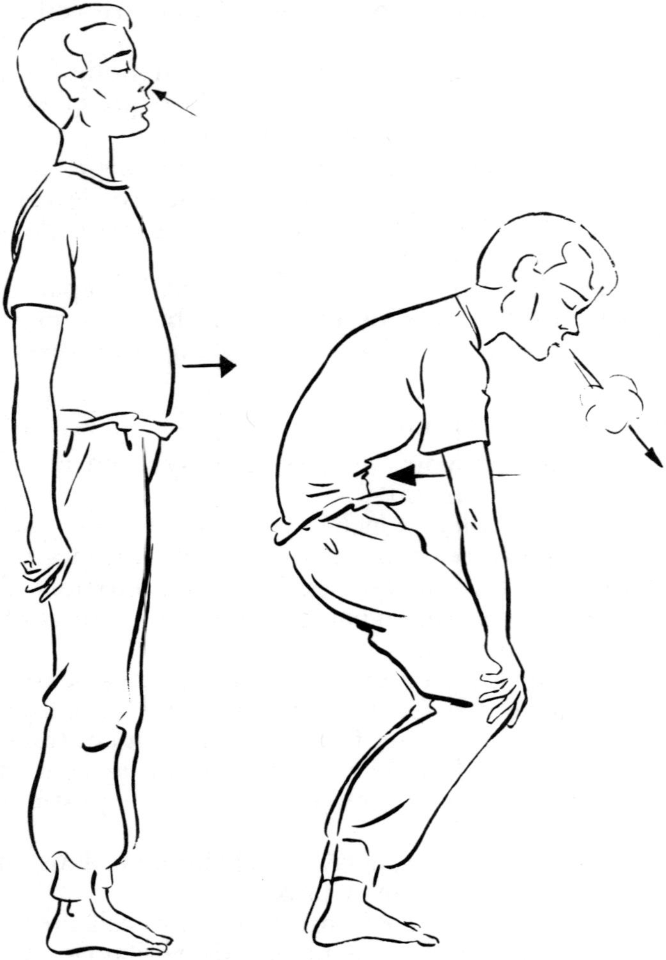

inspiration expiration

barattage

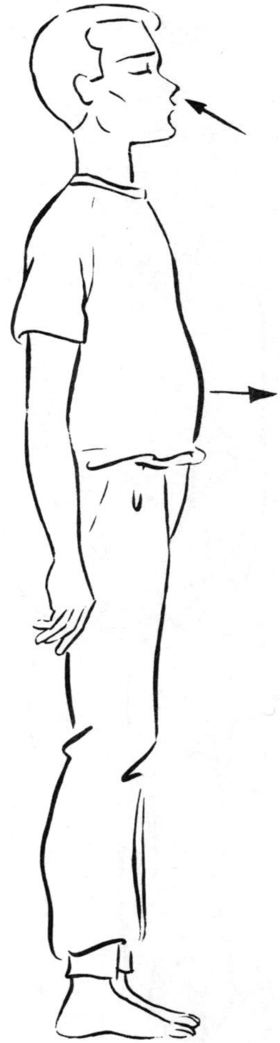

expiration

La sensation au présent

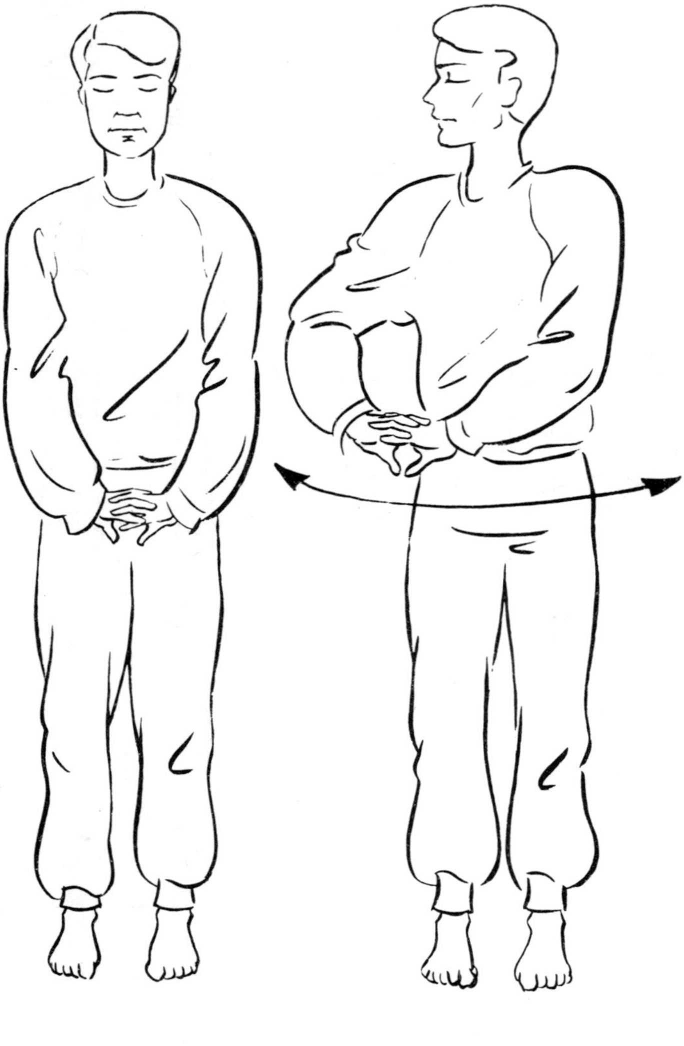

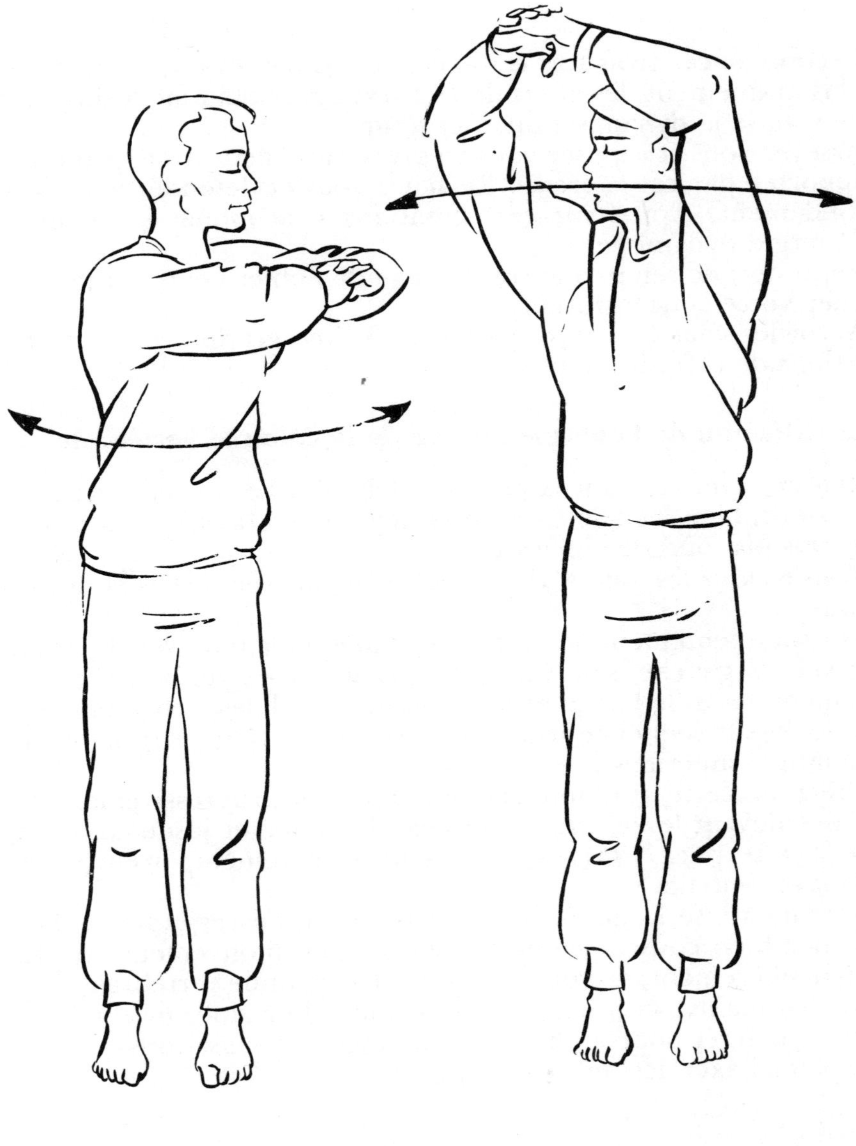

Recommencez trois fois cet exercice, en percevant, chaque fois plus intimement, les effets de ce barattage, notamment du point de vue de la dynamisation énergétique.
Asseyez-vous et reposez-vous en savourant l'activation, profonde apportée par cet exercice. Relâchez-vous et détendez-vous profondément. Appréciez ces sensations « inconnues ». Savourez l'énergie dynamisée.
Reprenez, de temps à autre, l'image de l'objet neutre, afin d'affiner votre concentration.
Accordez-vous le temps nécessaire à l'intégration des manifestations de cette force profonde.

La diffusion de l'énergie le long de la colonne vertébrale

Reprenez maintenant la position debout, avec un minimum de tensions, bien installé dans votre centre de gravité et au niveau le plus profond de vigilance.
Vous croisez les doigts, la paume des mains vers le bas et devant vous.
Tournez, lentement, le buste, les épaules et la tête, vers la droite et vers la gauche, sans bouger le bassin ni les jambes. C'est un peu comme si le bassin et les jambes, immobiles, représentaient le socle sur lequel tournent le buste et la tête, entraînant les membres supérieurs.
Effectuez cette rotation en montant très progressivement les mains devant le ventre, la poitrine, le visage et jusqu'au-dessus de la tête puis, vous les redescendez, lentement, jusqu'à leur position initiale.
Pendant toute la durée de cette rotation, en respiration libre, prenez bien conscience de votre corps en mouvement et, plus particulièrement, de votre dos, de votre colonne vertébrale. Une fois les mains revenues à leur position d'origine, marquez un temps d'arrêt pour apprécier davantage vos sensations.
Répétez l'exercice, encore deux fois.

Après la pause, vous allez effectuer un dernier exercice consistant en une rotation de la tête, lente.

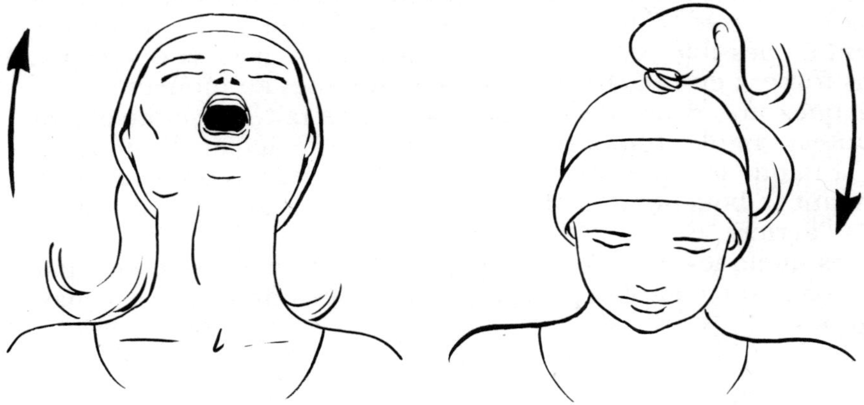

oui

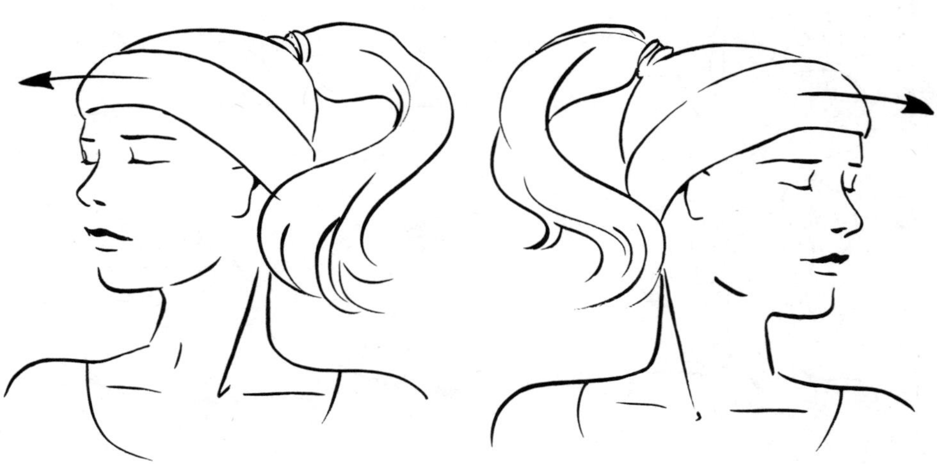

non

La rotation de la tête

Tout d'abord sur un plan horizontal, un peu comme si vous disiez *non,* très lentement, en essayant de porter le menton le plus loin possible vers chacune de vos épaules, mais sans « tirer », sans forcer : en relâchant les muscles opposés au mouvement.
Marquez une pause de récupération, puis faites le mouvement d'un *oui,* ample, toujours en douceur, en relâchant les muscles de la nuque lorsque vous portez le menton sur la poitrine et en ouvrant la bouche pour décontracter le cou, lorsque vous allez vers l'arrière.
Après quelques instants de repos, vous terminez l'exercice par une rotation complète, en appréciant les effets de ce « massage ».

rotations

Asseyez-vous, relaxez-vous et détendez-vous mentalement, profondément. Appréciez toutes les modifications apportées par ces exercices. Savourez les bénéfices que vous pouvez en tirer, tant au niveau de l'intégration de votre corporalité au présent que de la prise de conscience de cette énergie circulant en vous, de cette force, de la vie.

Exercice statique : l'activation sensorielle

Après quelques minutes de récupération, vous pouvez profiter de cette disponibilité pour « situer » votre présent sensoriel par rapport à votre passé et à votre futur sensoriels.
Vous allez, pour ça, stimuler la mémoire dans ce niveau de conscience.
Souvenez-vous d'une situation vécue dans un passé proche ou lointain, au cours de laquelle vous avez vécu des sensations (ou une sensation) agréables. Prenez bien, pour l'instant, une situation purement sensorielle, c'est-à-dire ne vous impliquant pas dans des événements émotionnels. Par exemple, une situation au cours de laquelle vous avez *entendu* un concert, ou *senti* une fleur, ou *goûté* un gâteau, ou *touché* le soleil et la mer, etc.
La situation en question peut être plurisensorielle, c'est-à-dire que tous vos sens ont été agréablement activés comme au cours d'une journée à la plage, où vous avez vu, touché, senti, entendu et goûté, la mer.
Savourez ces sensations agréables vécues au passé, en essayant de vous revoir, tel que vous étiez, à cette époque.
Puis, revenez aux sensations présentes. Appréciez-les. Peut-être que l'activation des sensations passées a laissé des traces au présent. Sentez-vous ces traces?

Imaginez, à présent, une situation que vous pourrez vivre dans un futur proche ou lointain et au cours de laquelle vous retrouverez la (ou les) sensation déjà vécue au passé. Car vous avez la faculté de vous projeter dans l'avenir et cette faculté est, aussi,

amplifiée à ce niveau de conscience particulier. Cependant, ne vous étonnez pas si cette possibilité de vous projeter dans l'avenir vous semble difficile les premières fois. Cela viendra, peu à peu, grâce à l'entraînement.
Si vous y êtes parvenu, savourez les sensations agréables que vous vivrez et essayez de vous voir tel que vous désirez être, en respectant, cela va de soi, la réalité... Pas d'utopie!
Revenez de nouveau aux sensations présentes, savourez-les encore, avant de vous préparer à revenir au niveau de vigilance de l'actualité et au tonus musculaire de l'activité, comme vous savez parfaitement le faire. Enfin, ouvrez les yeux.

Comment allez-vous?
N'oubliez pas de noter toutes vos impressions sur votre journal sophrologique.

Apprendre à s'endormir et à se lever du bon pied

Le sommeil est quelque chose de très important, et encore plus sa qualité que sa quantité. Aussi je vous propose une technique, simple, qui améliorera beaucoup la qualité de votre sommeil.

Lisez bien ceci avant de pratiquer.

Vous pouvez pratiquer cette technique après avoir effectué quelques exercices de relaxation dynamique, ceux que vous connaissez, en « panachant », si vous le désirez, différents mouvements parmi ceux des précédentes semaines d'entraînement, comme le haussement des épaules, le barattage abdominal, etc.

Faites appel à l'imaginaire

Pendant la pause finale, profitez de la disponibilité extraordinaire dans laquelle vous vous trouvez pour faire appel à vos facultés décuplées d'imagination et d'autoconditionnement.
Imaginez donc le moment où vous allez vous coucher dans votre chambre. Essayez de vous voir effectuant les gestes habituels qui précèdent votre coucher.
Ensuite, imaginez-vous prenant la position qui est la vôtre pour vous endormir (avez-vous éteint la lumière?!) et vous endormant paisiblement, mentionnant, pour vous-même, un mot de *calme,*

à chaque expiration. Ce mot peut être « calme », « paix », « quiétude », « harmonie », ou tout autre mot de votre choix et qui vous paraît être le mieux indiqué pour induire en vous la détente profonde.
Essayez de vous voir vous endormant paisiblement, le mot « flottant » sur votre sommeil, durant toute la nuit. Regardez-vous, dormant calmement, tranquillement.
Puis, imaginez-vous que le matin arrive, à l'heure qui est celle de votre réveil habituel.
Vous laissez alors de côté le mot de calme qui a régné sur toute votre nuit, et vous le remplacez par la mention, toujours pour vous-même, d'un court projet positif, à chaque expiration. Quelque chose qui va dynamiser votre réveil, qui va vous permettre de vous lever du bon pied, comme la perspective d'un bon café, d'une douche agréable, d'une promenade ou bien, à plus long terme, des prochaines vacances que vous avez prévues, etc. Imaginez-vous vous levant joyeusement, animé de l'entrain que vous procure le projet.
Puis laissez ces images s'estomper et revenez aux sensations présentes, en notant tous les bienfaits des exercices dynamiques qui ont précédé et ceux de cette technique d'autoconditionnement positif au sommeil.
Pratiquez alors, comme d'habitude, la désophronisation, avant de rouvrir les yeux.

Pourquoi le succès de cette technique ?

La raison en est simple. Nous savons que le niveau entre la veille et le sommeil a le « défaut » d'être fragile. Et l'insomnie est souvent due au fait que, pendant la traversée naturelle de ce niveau, tant le soir que le matin, les soucis de la journée ou bien les influences des mauvais rêves peuvent marquer l'endormissement ou le réveil.
En pratiquant la technique, vous installez, au contraire, un condi-

tionnement positif, grâce à la programmation que vous avez faite et au « véhicule » de ce conditionnement, l'expiration.

Cet entraînement doit se pratiquer dans la journée et non le soir...
Il faut compter une quinzaine de jours d'entraînement pour obtenir des résultats assez spectaculaires, même si vous êtes insomniaque depuis longtemps.
Le soir, contentez-vous de faire une sophronisation simple, en ajoutant, si vous le voulez, le rappel d'un « doux souvenir positif ». En effet, je me suis rendu compte que le doux souvenir avait le don d'endormir, alors que le projet réveillait.

Apprendre à situer son corps dans l'espace

Une fois acquise l'intégration de la corporalité au présent, vous allez pouvoir développer la prise de conscience de la spatialité, c'est-à-dire de la situation du corps dans l'espace, de votre occupation de l'espace, de votre présence dans l'espace.
C'est très important car si vous ne vous « voyez » pas, vous êtes dépendant des autres et vous ne pouvez devenir autonome. Cette autovisualisation est indispensable pour être vraiment, sans avoir besoin de paraître. Si nous ne nous voyons pas, nous avons besoin d'autres regards pour exister, et nous nous efforçons de nous « montrer », en adoptant des attitudes, des modes, de « faux-semblants », etc. La faculté de se voir va nous rendre indépendants du regard des autres et nous conduire vers l'autonomie, vers l'authenticité, car ce regard sur nous-mêmes nous permet, certes, de nous « reconnaître », en tant qu'entité, en tant qu'« existant », mais aussi de nous juger nous-mêmes, avec indulgence, sans doute, mais sans compromis possible. Nous pouvons tromper, tricher avec les autres, mais très difficilement avec nous-mêmes!
Vous allez donc pouvoir ajouter à votre acquis sensoriel cette faculté d'autovisualisation.

Comme pour les autres exercices, lisez bien ceci avant de pratiquer.

Debout, comme dans les exercices précédents, faites votre échauffement, la relaxation globale, puis une sophronisation complète, avec le relâchement détaillé de tout votre corps et la détente mentale profonde. Vous percevez votre corps.
Effectuez alors un exercice déjà décrit et que vous connaissez pour l'avoir pratiqué, en essayant de maintenir votre « deuxième » concentration sur l'image naturelle.

Se regarder du « dehors »

Ensuite, remplacez cette image naturelle par la représentation de vous-même tel que vous êtes, dans votre réalité existentielle : debout, habillé comme vous l'êtes. C'est un peu comme si votre conscience entrait dans la pièce où vous vous trouvez, « regardait » d'abord votre environnement : la couleur des murs, l'emplacement des fenêtres, les meubles... Puis, cette « conscience extérieure » va vous « regarder », vous contempler, de face, de profil, de loin, de près, d'en haut, d'en bas... Elle est illimitée et mobile, alors que votre corps est limité dans l'espace et immobile ; limité mais bien présent, il participe au monde.
Évaluez les distances qui séparent les limites de la pièce de la chaise sur laquelle vous allez vous asseoir tout à l'heure, etc. C'est la prise de conscience de votre existence, ici et maintenant.
Vous pouvez vous aider de vos mains pour faciliter la concrétisation de cette conscience extérieure : vous les placez devant votre visage, la paume vers vous, et vous imaginez qu'elles vous regardent. Déplacez-les, sur les côtés, vers le haut, vers le bas, le buste, l'abdomen, etc. Vous voyez-vous?
Au début, cette visualisation est difficile car vous n'êtes sans doute pas habitué à ce genre d'exercice, mais cela viendra, peu à peu, au fur et à mesure de votre entraînement.

Anticipez vos gestes

Essayez, à présent, de vous voir, debout devant votre chaise, en évaluant bien la distance qui vous sépare d'elle. Imaginez les gestes, les mouvements que vous allez devoir effectuer pour vous asseoir. Sentez-vous que votre corps se prépare à effectuer ce que vous êtes en train de lui programmer?
Tout en continuant à vous contempler, asseyez-vous, en tâchant de faire les gestes que vous avez « pré-vus ». C'est un excellent exercice d'anticipation.
Une fois assis, relâchez un peu plus tout votre corps et détendez-vous mentalement un peu plus profondément.
Avez-vous effectué les gestes pour vous asseoir tels que vous les aviez prévus?

Mieux percevoir la tête

En inspirant, relevez le visage, portant votre nuque le plus en arrière possible, mais sans jamais forcer : il ne s'agit pas de gymnastique!
Vous retenez quelques instants l'air en vous visualisant, puis expirez en ramenant la tête en position initiale, tout en continuant d'« observer » ce mouvement de la tête dans l'espace. Faites, doucement, ce mouvement trois fois et marquez un temps de repos, pour apprécier toutes les modifications apportées par l'exercice.
Ensuite, faites de même, en avant, en portant le menton le plus bas possible sur la poitrine, sans forcer et tout en vous percevant, d'une part, et en vous voyant, d'autre part : inspirez en baissant la tête, marquez un temps d'arrêt en vous voyant, et expirez en ramenant la tête dans sa position initiale.
Accordez-vous une pause de récupération. Savourez tous les bénéfices que vous pouvez tirer de ces exercices, sans vous attarder trop sur les difficultés du début.

Appréciez, notamment, les sensations dans le cou, la nuque et, peut-être, dans la tête : cet exercice améliore sensiblement la circulation cérébrale.
Surtout, laissez de côté votre faculté de vous voir pour vous consacrer, exclusivement, à celle de vous percevoir du dedans.

Profitez de votre disponibilité pour dynamiser une qualité que vous désirez renforcer, en mentionnant le nom, à chaque expiration.

Préparez-vous, enfin, à la désophronisation, comme vous en avez l'habitude. Ouvrez les yeux.
Comment allez-vous?
N'oubliez pas de noter toutes vos impressions sur votre carnet...

Le sentiment au présent

Apprendre à localiser l'émotion

Cette semaine, je vous propose de poursuivre la découverte de votre spatialité, de votre présence au monde, de votre participation, avec d'autres exercices. De plus, vous allez apprendre à localiser les manifestations de l'émotion, ce qui sera l'une de vos plus importantes acquisitions. En effet, la pulsion émotionnelle, parce qu'elle est spontanée, ne peut être contrôlée par la raison. La force de l'émotion est telle que vous ne pouvez, trop souvent, que la subir, en « souffrir ». Or, vous avez, maintenant, et grâce à l'intégration de votre corporalité, la possibilité de prendre conscience des manifestations corporelles de l'émotion. Vous parviendrez, dans un deuxième temps, à gérer cette émotion, c'est-à-dire à la vivre telle quelle, si vous le voulez, ou à la neutraliser, si elle vous est pénible, et cela, grâce au corps.
Peut-être vous rendez-vous compte, davantage aujourd'hui, de l'importance du corps, dans votre existence.

Avant de passer à la pratique, lisez bien le déroulement de la séance.

Debout, après la phase d'échauffement, relâchez bien votre corps, prenez votre position d'équilibre dans votre centre de gravité.
Pratiquez la sophronisation simple, en percevant bien les plus fines sensations corporelles.
Une fois atteint le niveau sophroliminal, essayez, comme la

semaine dernière, de vous visualiser dans l'espace. Vous avez très certainement réalisé des progrès.
Pratiquez l'exercice d'anticipation des mouvements que vous allez effectuer pour vous asseoir puis, asseyez-vous.
Relâchez-vous un peu plus, détendez-vous plus profondément, tout en essayant d'améliorer votre capacité de vous voir dans l'espace.

Je vous propose d'effectuer, à présent, deux exercices pour affiner, à la fois, votre sensorialité et votre autovisualisation.

Prévoyez le geste juste

Le premier exercice consiste à lever, lentement, un bras, pendant que vous inspirez, à retenir l'air quelques instants pendant lesquels vous vous visualisez et à baisser le bras, pendant que vous soufflez l'air. Et puisque vous vous voyez dans l'espace, essayez de « pré-voir » le moment exact où votre main va retrouver son point de départ, ainsi que l'endroit précis.
Marquez, comme toujours, une pause entre les exercices pour les apprécier et recommencez encore deux fois le geste.
Ensuite, la même chose avec l'autre bras que vous « suivez des yeux fermés ».
Enfin, avec les deux bras, toujours trois fois, en faisant en sorte qu'ils reviennent à leur position d'origine précise et en même temps. Suivez leur mouvement dans l'espace que vous « palpez » de vos mains. N'hésitez pas à varier les « angles de vision » : profil, loin, près, etc.

Prenez quelques instants de repos, tout en appréciant vos progrès dans le contrôle de la spatialité. Passez en revue aussi vos perceptions, en approfondissant la détente mentale.

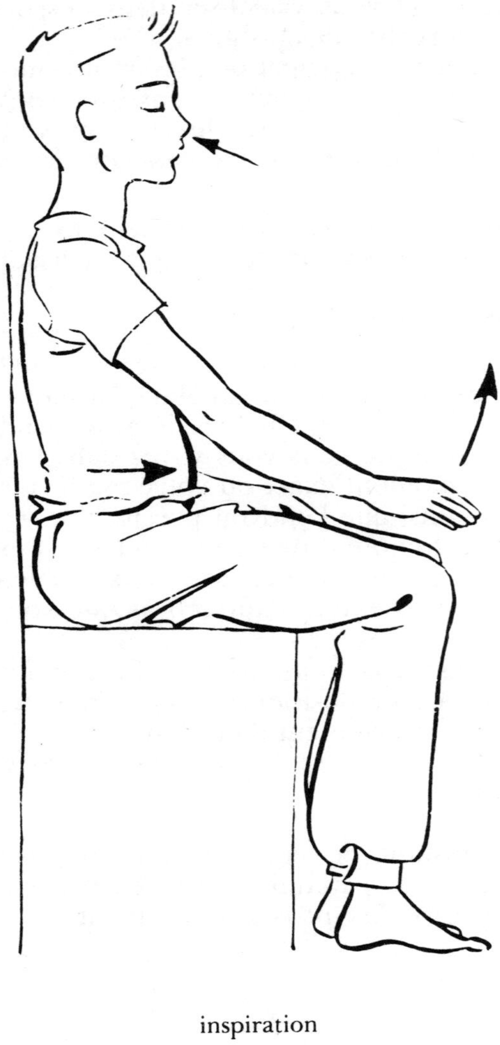

inspiration

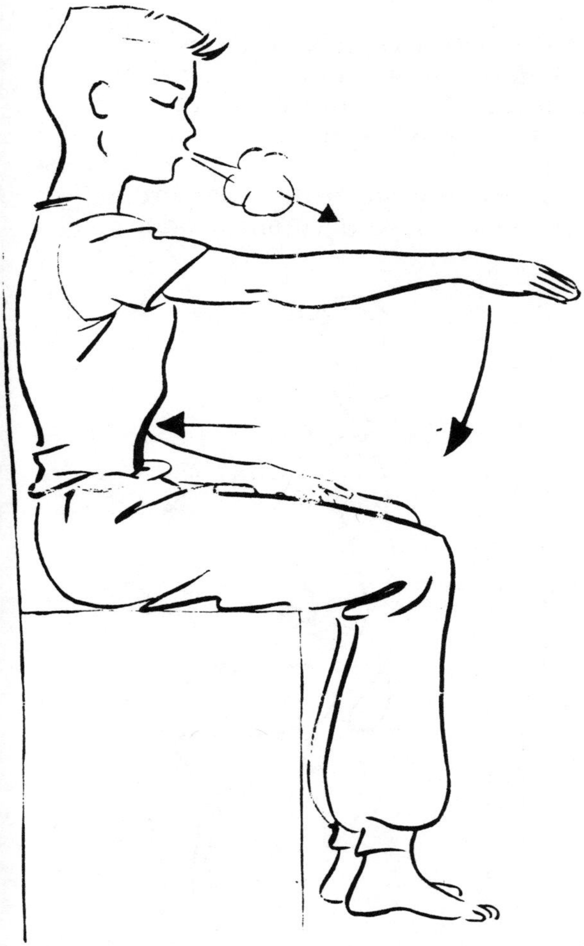

rétention-expiration

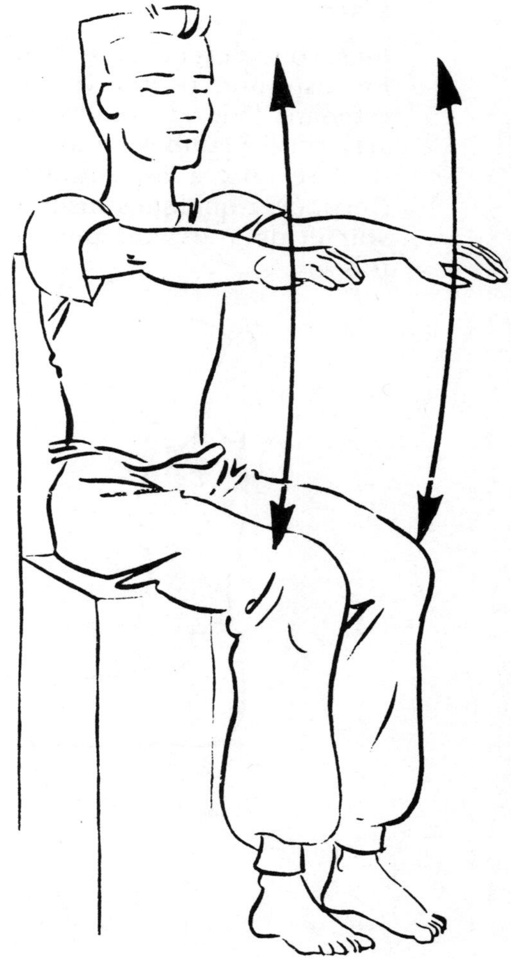

avec les deux bras

L'arc

Puis, vous allez effectuer le deuxième exercice, celui de l'« arc ».
En inspirant, portez vos mains derrière la nuque; il s'agit en retenant l'air, de tendre tout le corps : le buste et la tête en arrière, les jambes en avant, et vous vous visualisez; à l'expiration, revenez à la position initiale.
Récupérez quelques instants tout en continuant de vous percevoir et de vous voir puis recommencez l'exercice encore deux fois.

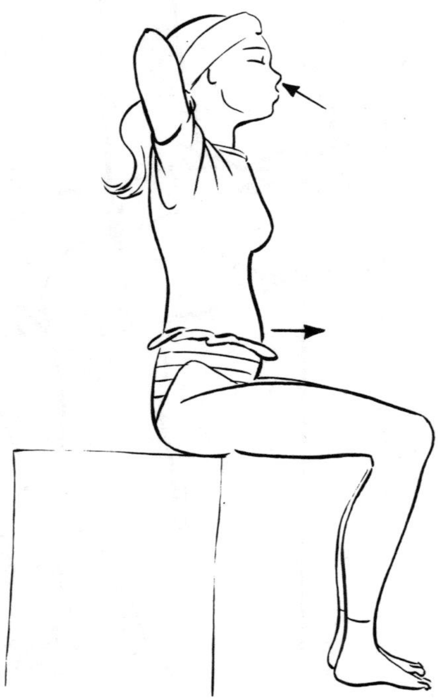

inspiration

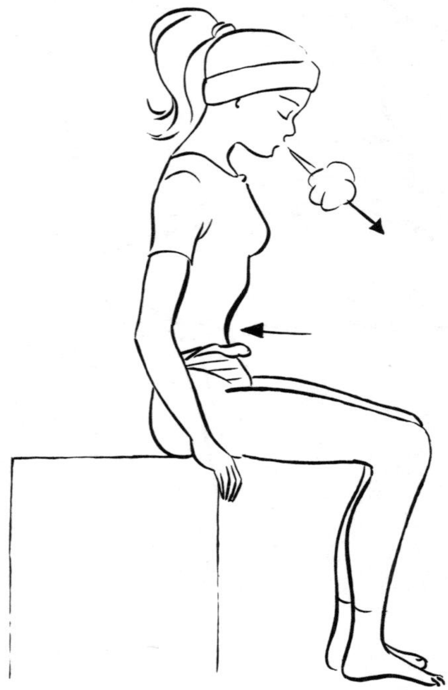

expiration

Accordez-vous une pause pour ressentir toutes les sensations activées. Appréciez bien votre corps, du dedans et du dehors. Vous êtes bien là!
A présent, laissez de côté cette capacité de vous voir, pour vous consacrer à celle de vous percevoir, du dedans, exclusivement. Vous allez profiter de cette disponibilité pour apprendre à localiser vos émotions.

rétention

Revivez un souvenir positif

A ce niveau profond de conscience, souvenez-vous d'une situation qui vous a fait vivre une émotion très agréable. Au début, prenez un événement très positif, mais qui ne vous implique pas trop affectivement; attendez, pour cela, de savoir contrôler l'émotion...
Par exemple, vous pouvez évoquer le souvenir de la joie ressentie lors d'un résultat favorable à un examen, ou d'une victoire sportive, ou encore lors d'un cadeau que vous avez reçu... ou donné.
Revoyez la scène, revoyez-vous et ressentez l'émotion positive que vous avez vécue.
Puis, revenez aux sensations présentes.
Quelles sont les traces laissées par cette émotion? Où les ressentez-vous? Avec « quoi » ressentez-vous?
Savourez encore l'émotion persistante.
Des images accompagnent peut-être la sensation? Prenez-en conscience.
Un monologue intérieur s'ajoute peut-être aux sensations et aux images? Prenez-en également conscience.

Enfin, préparez-vous à effectuer la désophronisation, enrichi de toutes ces nouvelles acquisitions... et des traces de l'émotion positive.
Comment vous sentez-vous? Très bien, j'espère!
Notez bien toutes ces impressions.

Apprendre à contrôler l'émotion

Ce n'est pas tout de savoir où et comment se manifeste l'émotion, encore faut-il la contrôler, c'est-à-dire la savourer pleinement lorsqu'elle est d'intensité et de « coloration » idéales, mais aussi la *neutraliser* lorsqu'elle est trop forte ou pénible.
Au cours de l'entraînement de la semaine dernière, vous avez appris à connaître les zones de votre corps où l'émotion se manifestait plus volontiers : la gorge, la poitrine, le plexus solaire, etc. Vous avez, sans doute, noté que des images s'associaient à ces sensations et, peut-être aussi, que « vous vous parliez », un peu comme si un monologue intérieur s'installait à votre insu.
Ces manifestations de l'émotion sont très importantes à connaître car, non seulement elles interviennent sur votre psychisme, mais elles déterminent les réactions de votre organisme. Ce sont elles, par exemple, qui vont organiser, par l'intermédiaire de votre cerveau végétatif, la sécrétion des hormones. Vous connaissez l'expression : « faire monter l'adrénaline »!

Émotion, danger!

Si vous ne contrôlez pas ces manifestations, vous risquez de subir les conséquences physiologiques très fâcheuses du stress. De très nombreuses maladies psychosomatiques comme l'ulcère de l'estomac, l'asthme, l'hypertension artérielle,... sont provoquées par

le dérèglement répété de notre système neurovégétatif, sous le coup d'émotions violentes non contrôlées.
Et, tout aussi important, ces manifestations de l'émotion influent sur nos expériences suivantes. La colère, par exemple, déclenchée par un événement quelconque, risque de nous rendre « coléreux » dans des situations ultérieures qui n'auront rien à voir avec l'expérience première. C'est d'autant plus important à savoir que certaines manifestations émotionnelles peuvent être déclenchées sans que nous sachions d'où elles viennent. Un mauvais rêve, un cauchemar, peuvent peser négativement sur toute une journée.
Tout ce que je vous dis là est évident et, pourtant, ça n'est jamais enseigné à l'école.
Je vous propose donc d'apprendre à contrôler les manifestations de l'émotion en neutralisant, pour les besoins de cet apprentissage, les manifestations agréables provoquées par le rappel d'un souvenir émotionnel positif.
Vous pourrez vous préparer à cet apprentissage par une sorte de révision des exercices dynamiques des semaines précédentes.

Lisez bien la description de l'exercice avant de l'exécuter pour pouvoir vous passer du texte.

Debout, vous vous installez confortablement dans cette posture que vous connaissez bien. Faites votre sophronisation en commençant par la relaxation physique, suivie de la détente mentale.
Effectuez maintenant un exercice du premier degré de la relaxation dynamique, accompagné de l'image de l'objet neutre et naturel qui est, habituellement, la vôtre.
Une fois cet exercice exécuté (le haussement des épaules, par exemple, trois fois), savourez toutes les sensations amplifiées, puis remplacez l'image de l'objet neutre par votre propre visualisation dans l'espace et asseyez-vous en « pré-voyant » les mou-

vements que vous devrez faire pour prendre cette position. Une fois assis, approfondissez votre relaxation et votre détente mentale puis effectuez un exercice du deuxième degré de la relaxation dynamique (la tête, les bras ou l'arc, trois fois).

Abandonnez, à présent, cette autovisualisation et souvenez-vous d'une situation qui s'est déroulée dans un passé proche ou lointain, au cours de laquelle vous avez ressenti une émotion très agréable et intense. Ressentez bien cette joie, ce plaisir, ce bonheur.

Laissez, ensuite, s'estomper ces images agréables, que vous pourrez toujours réactiver quand vous le voudrez; revenez aux sensations du présent. Savourez bien votre corps, notamment les zones activées par l'émotion positive. Prenez conscience des images persistantes déclenchées par le souvenir. Prenez conscience également du monologue intérieur que vous entretenez.

Comment ne plus somatiser

Il s'agit, maintenant, d'apprendre à « désomatiser » les manifestations de l'émotion : concentrez-vous sur une partie de votre corps qui ne participe pas à cette manifestation émotionnelle, les pieds, par exemple. Enregistrez toutes les sensations « neutres » transmises par les orteils, la plante et le dos des pieds, les chevilles, etc. En même temps, revenez à l'image neutre et naturelle que vous avez prise au cours des exercices du premier degré de la relaxation dynamique. Cette image vous servira à neutraliser celles chargées d'émotion du souvenir.

Enfin, et toujours simultanément, pratiquez une respiration synchronique avec un mot de détente et de calme, à chaque expiration, comme vous l'avez déjà fait. Ce mot va vous aider à neutraliser le monologue suscité par le souvenir.

Tâchez de découvrir le meilleur moyen, pour vous, de neutraliser les manifestations de l'émotion : est-ce la concentration sur une partie « neutre » du corps? Est-ce l'image de l'objet neutre? Est-

ce le mot « calme »? Peut-être les trois? Dans quel ordre chronologique?
Construisez, ainsi, votre propre méthode de neutralisation émotionnelle que vous développerez par l'entraînement pour acquérir un « réflexe salutaire » de neutralisation, en cas d'urgence.

Une fois toute trace d'émotion disparue, effectuez votre désophronisation en revenant au tonus musculaire de l'activité et à la vigilance de l'actualité.
Comment allez-vous?
Notez bien vos impressions et, surtout, quel est votre meilleur moyen de neutralisation.

Certes, cette technique pourra vous paraître frustrante, puisqu'il s'agit de neutraliser un vécu agréable. Mais il s'agit de développer des réflexes de maîtrise émotionnelle pour, grâce à l'entraînement, neutraliser le trac, la peur, l'angoisse, le chagrin qui vous empêchent d'être efficace, la souffrance morale inutile, etc.
Variez les souvenirs en augmentant leur intensité émotionnelle et accélérez le processus de neutralisation, afin que celui-ci soit rapidement efficace.
Grâce à cette technique simple et rapide, vous vous épargnerez bien des contrecoups pénibles et dangereux pour tout votre organisme.

Pourquoi écarter les souvenirs désagréables?

Peut-être vous demandez-vous pourquoi ne pas « travailler », tout de suite, avec des souvenirs négatifs?
L'expérience nous a démontré que toute activation négative entraînait des répercussions négatives. Si vous réveillez un souvenir douloureux, avant même d'avoir pu le neutraliser, des répercussions négatives se seront déclenchées, risquant de vous perturber bien au-delà de ce qui était prévisible. Or, je ne pense pas qu'il soit nécessaire de se « rendre malade » inutilement. Et

cela, d'autant plus que les manifestations émotionnelles, qu'elles soient positives ou négatives, se « somatisent » en des régions corporelles de prédilection qu'il suffit de bien connaître pour les prévenir.
Si j'ai pensé à créer cette technique, c'est parce que j'ai eu moi-même besoin d'un outil efficace pour m'aider à maîtriser une sensibilité à fleur de peau qui m'handicapait trop souvent. J'ai gardé ma sensibilité, mais je n'en souffre plus.

Se voir au futur

Apprendre à réaliser le futur

Depuis deux mois, vous vous êtes émancipé par rapport au conditionnement forgé par l'éducation reçue. A partir de ce nouveau présent, vous allez pouvoir envisager un nouveau futur et, surtout, apprendre à réaliser, à l'avance, votre avenir, à le programmer avec précision, afin d'avoir entre les mains tous les atouts nécessaires pour transformer un « rêve » en réalité.

Envisagez positivement l'avenir

La « futurisation positive va concrétiser, en fait, un phénomène observable chez chacun d'entre nous, celui de l'« expectative », c'est-à-dire de l'« attente », du droit d'espérer.
L'espoir est le moteur de la vie. Il est souvent, hélas, déçu. Mais, faisons-nous toujours tout ce qu'il faut pour réaliser nos désirs? Nous prenons-nous suffisamment par la main pour assurer, au mieux, la concrétisation de nos espérances? Ne faisons-nous pas, trop souvent, la part belle au hasard et aux autres?
Si nous voulons quelque chose, il faut le préparer avec précision et nous animer de la motivation nécessaire à sa réalisation.
Rappelez-vous que ce sont les images qui déclenchent la mise en action de tout votre organisme. En créant une représentation du futur, vous pouvez vous programmer de manière positive.

Lisez bien ceci avant de commencer la séance.

Comme d'habitude, nous allons profiter des exercices de relaxation dynamique du premier et du deuxième degré pour approfondir encore la prise de conscience de notre réalité existentielle du présent, mais aussi pour amplifier notre disponibilité à la futurisation positive.
Debout, pratiquez votre sophronisation : relaxation progressive de la tête aux pieds et approfondissement de la détente mentale, grâce à l'expiration. Une fois bien relâché, la respiration libre et la détente mentale acquise, pratiquez un exercice de relaxation dynamique du premier degré, avec une double concentration sur les perceptions et sur l'image naturelle.
Échangez alors l'image naturelle avec celle de vous-même, tel que vous êtes, là où vous êtes. « Pré-voyez » votre changement de position et asseyez-vous confortablement.

Après un temps de récupération, faites un exercice de relaxation dynamique du deuxième degré (l'arc, par exemple), tout en vous percevant et en vous visualisant de mieux en mieux, au présent.

Agissez sur votre futur

Maintenant, revenez à la perception « du dedans », et profitez de la disponibilité acquise pour apprendre à futuriser de manière positive.
Imaginez une situation prévue dans un futur proche ou lointain, mais qui se déroulera (n'imaginez pas un voyage aux Antilles s'il n'est pas programmé dans la réalité, si vous n'avez pas le billet du voyage dans votre poche!), en commençant par des projets très simples. Vous pouvez commencer par imaginer votre petit déjeuner du lendemain, ou bien la promenade que vous ferez le dimanche suivant.
Commencez par imaginer le cadre dans lequel va se dérouler ladite situation, en y mettant tout ce que vous avez envie d'y voir : le lieu, l'atmosphère, les couleurs, le temps, etc.
Essayez ensuite de vous y voir, vous-même, tel que vous avez

envie d'y être, en forme physiquement et moralement, et évoluant dans ce cadre, en harmonie avec vous-même et avec ce qui vous entoure. Visualisez bien, pendant quelques minutes, cette situation future, précisez les détails qui, d'ailleurs, deviendront plus nets à chaque répétition de cette futurisation.
Laissez ensuite s'estomper ces images que vous pourrez retrouver aussi souvent que vous le désirerez et revenez aux sensations corporelles du présent. Savourez ces sensations agréables, de récupération et de dynamisation à la fois.

Puis, pratiquez la désophronisation, en appréciant ce « retour » au mouvement et à l'actualité.
N'oubliez surtout pas de noter ce que vous venez de vivre.

Et dans la vie quotidienne...

Il est possible que vous pratiquiez cette futurisation positive, spontanément, depuis toujours. En effet, c'est une faculté que tous les enfants ont, naturellement. La technique ne s'adresse donc qu'aux personnes qui ont perdu ce don, afin de « retrouver » leur naturel.
Elle peut être très utile pour intensifier la motivation lors de décisions prises, comme dans le cas d'un régime alimentaire (vous vous voyez, dans le futur, avec la « ligne », avec la silhouette que vous désirez obtenir), pour conforter la décision de ne plus fumer (imaginez-vous alors avec une respiration ample, un souffle retrouvé), etc.

Au-delà du futur pour le relativiser

La futurisation positive que vous venez de pratiquer durant une semaine va vous permettre maintenant de pratiquer une sorte d'acceptation progressive d'événements à venir et qui ne sont pas, forcément, positifs. Il s'agit de les dépasser, c'est-à-dire de futuriser, de manière positive, des situations qui se dérouleront *après* l'événement négatif et de revenir progressivement, vers l'événement à relativiser pour l'accepter.

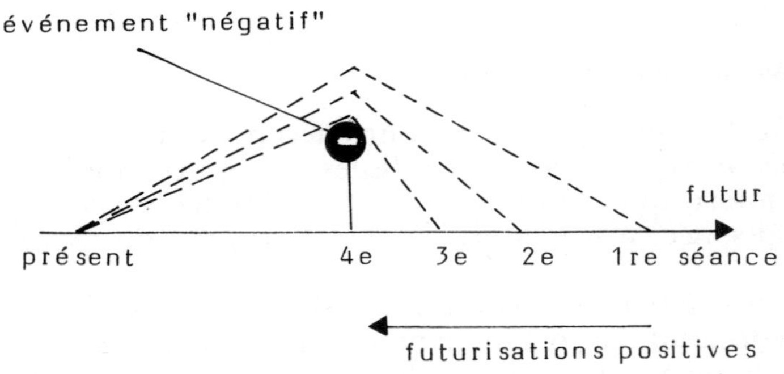

Dépassez l'événement fatidique

Lors de la première séance, vous pratiquerez la futurisation positive d'un événement agréable, n'ayant aucun rapport avec l'événement redouté que vous désirez relativiser. Ensuite, lors des séances suivantes, vous futuriserez d'autres situations positives, diverses, dont la date de réalisation se rapproche, peu à peu, de la date de l'événement « fatidique ».
Cette manière d'envisager l'avenir positif dans sa réalité globale permet de ne pas s'obnubiler sur un seul événement négatif sur lequel on buterait comme sur un véritable « mur ».
Il est évident que l'exercice se fait, toujours, au niveau de vigilance propre à la sophronisation. C'est à ce niveau que l'expectative et l'imagination sont suffisamment amplifiées pour pouvoir être utilisées et pour que ce nouveau regard sur le futur puisse être intégré, peu à peu, au fur et à mesure des séances d'entraînement.

Il est conseillé de faire précéder de quelques exercices de relaxation dynamique, premier et deuxième degrés, cette pratique statique.

Et dans la vie quotidienne...

Cette technique, appelée « sophro-acceptation progressive » est une des techniques les plus utilisées en sophrologie.
La première application, très répandue, concerne la préparation à la naissance, à la maternité et à être père ou mère responsable.
Beaucoup de mamans, conditionnées par notre culture occidentale, redoutent l'accouchement avec la douleur, les accidents, la mort elle-même. Elles en oublient le positif, c'est-à-dire la naissance de leur enfant et leur maternité. On sait, aujourd'hui, l'importance des conditions dans lesquelles se déroule la grossesse, aussi est-il très important de relativiser l'accouchement qui

n'est qu'un « épiphénomène » dans un processus extraordinaire et merveilleux. J'ai pourtant rencontré des mamans « enceintes de leur accouchement » et non pas d'un bébé!
Dans la préparation à la naissance, la sophro-acceptation progressive permet de « visualiser » l'enfant à trois mois, pour commencer, puis à deux mois, à un mois, à quinze jours, avant de futuriser, positivement, l'accouchement lui-même.
L'accouchement, ainsi relativisé, n'apparaît plus que comme un épisode, certes obligatoire, mais secondaire par rapport à l'avenir de l'enfant, à la maternité, au fait d'être parent et le rôle du père, souvent négligé dans un passé récent, est remis en lumière.
La sophro-acceptation progressive est également utilisée avec succès dans les préparations sportives où, on le sait, des problèmes liés aux complexes de défaite (ou de victoire!), à l'anxiété, à l'inhibition, etc., se posent souvent. Là encore, il s'agira de futuriser des événements positifs postérieurs à la compétition à venir et rétablir ainsi la relativité.
Cette technique trouve également sa place dans la préparation aux différents examens; elle les relativise, « désinhibe » et calme l'angoisse ressentie.
Toutes les épreuves redoutées peuvent bénéficier de cette technique, simple, efficace, rapide : préparation aux interventions chirurgicales, dentaires, préparation à l'acceptation d'une prothèse, préparation à une conférence, etc.

N'hésitez pas à vous entraîner avec cette méthode, même si vous n'avez rien de « grave » en perspective. Il se pourrait qu'un jour vous ayez à l'utiliser, ne serait-ce que pour accepter, progressivement, la visite prochaine de votre belle-mère...!

Apprendre à se corriger pour résoudre certains conflits quotidiens...

L'entraînement à la futurisation positive permet encore d'éveiller la volonté de dénouer certaines situations conflictuelles que nous connaissons bien, car elles se répètent inlassablement, quotidiennement, et devant lesquelles notre raison s'avère impuissante.
Quelle est la maman qui n'a pas eu des problèmes avec l'un ou l'autre de ses enfants, au moment des repas, pour le rangement d'une chambre, pour l'heure du coucher, etc...?
Quel est le mari qui n'a pas eu de conflits avec son épouse, à propos du programme du samedi ou du dimanche...?
Quel est le patron qui n'a pas de problème avec sa secrétaire et quelle est la secrétaire qui ne se heurte jamais avec son patron?
Quel est le professeur qui ignore les conflits avec tel ou tel élève... et inversement?
Généralement, nous attendons une solution de la raison, qui s'empresse, d'ailleurs, de réclamer le changement d'attitude... de l'autre! D'où l'impossibilité de résoudre ces conflits qui s'éternisent, tournent à l'agressivité et au drame.

Dénouer les conflits

La technique que je vous propose demande, simplement, une ouverture d'esprit de votre part, un certain « laisser-faire », l'attente d'une solution que vous trouverez en vous-même, mais qui n'est peut-être pas rationnelle... Le seul critère à retenir est que le bénéficiaire soit... vous-même. Quelle que soit la solution (vous ne la connaissez pas encore...), le résultat doit vous permettre d'être mieux, vous-même, la prochaine fois!

Avant de pratiquer, lisez bien le texte.

Profitez de chaque entraînement pour faire une révision et une répétition des exercices de relaxation dynamique des premier et deuxième degrés que vous connaissez bien.
Debout, et après un échauffement corporel, faites votre sophronisation.
Une fois atteint le niveau de vigilance profond, prenez l'image de votre objet naturel et effectuez un des exercices du premier degré de la relaxation dynamique, en appréciant toutes les sensations activées.
Laissez, ensuite, l'image naturelle, remplacez-la par votre propre visualisation dans l'espace et effectuez un exercice du deuxième degré de la relaxation dynamique, en position assise ou debout, comme vous voudrez.

Abandonnez cet exercice et prenez une position confortable.
Profondément relâché et détendu, représentez-vous la situation conflictuelle que vous connaissez bien pour la vivre quotidiennement. Revivez-la un court instant, en relevant le désagréable, mais aussi le ridicule des différents comportements.
Revenez alors aux sensations corporelles du présent (si le besoin s'en fait sentir, vous pouvez neutraliser toute trace de manifestation émotionnelle négative).
Imaginez, maintenant, la même scène, dans un futur très proche, mais au cours de laquelle vous désirez être, vous-même, parfaitement bien... Ne soyez pas surpris si la scène se déroule tout à fait différemment, si l'humour s'en mêle, si c'est la fuite qui se

présente comme solution idéale, etc. Savourez cette situation à venir, transformée, agréable, sans conflit...

Revenez, enfin, aux perceptions corporelles du présent et, après les avoir savourées, pratiquez votre désophronisation.
Alors, qu'en pensez-vous?
Notez bien tous les détails de vos différentes « découvertes »...

Et dans la vie quotidienne...

Cette technique, très simple, permet de résoudre bien des petits conflits où la seule raison, armée de son orgueil, n'avait pas trouvé de solution satisfaisante jusqu'alors.
Sans compter que si, la prochaine fois, vous appliquez votre solution, l'« autre » ne s'en trouvera que plus désarmé et aura tendance, lui aussi, à modifier son comportement...
Une maman me racontait, récemment, avoir pratiqué cette technique pour résoudre le problème insoluble posé par son fils de sept ans, qui refusait de manger à midi, provoquant retards à l'école, colères, punitions, etc. « J'avais tout essayé », me confiat-elle. Quelle ne fut pas sa surprise de se voir, dans la situation future, dans sa chambre, en train de lire une revue... Elle dut recommencer plusieurs fois la technique pour se convaincre qu'il s'agissait bien de la même situation... Elle mit en pratique cette solution : après avoir installé son fils devant son assiette... elle partit dans sa chambre lire une revue! Il ne fallut pas plus de trois jours pour que son fils termine rapidement son déjeuner et vienne la rejoindre...

Méditation sur les cinq sens

Cet exercice pourrait être considéré comme faisant partie du premier degré de la relaxation dynamique, puisqu'il permet la prise de conscience, encore plus fine, de la sensorialité. Mais nous allons utiliser, en plus, la visualisation du deuxième degré, pour mieux saisir ces cinq sens, qui lient la conscience au monde.
Enfin, c'est une préparation à la méditation, que nous verrons plus loin (troisième degré de la relaxation dynamique).

Une introduction à la méditation

En fait, il s'agit d'un exercice extraordinaire et qui peut, à lui seul, résumer les trois degrés de la relaxation dynamique. Pour bien le pratiquer, il vous aura fallu tout l'entraînement qui a précédé car une grande concentration est nécessaire, de même qu'une certaine aptitude à « laisser faire », « laisser venir » ce que chaque sens va susciter en vous.
Nous allons donc, si vous le voulez bien, reprendre, encore une fois, un exercice du premier degré, un exercice du deuxième, avant d'activer chacun de nos cinq sens, pour en prendre conscience et les intégrer.
Je vais vous décrire la méditation sur les cinq sens, mais peut-être aurez-vous intérêt à ne travailler que sur un seul sens par séance, afin de prendre le temps nécessaire à son intégration.

Se voir au futur

Lisez bien le texte, avant de pratiquer.

Placez-vous en position debout, effectuez quelques mouvements d'échauffement, installez-vous bien dans votre centre de gravité (dans le bassin), et faites votre sophronisation simple. Relâchez votre corps de la tête aux pieds, en prenant conscience de toutes les modifications qu'entraîne une telle relaxation, puis approfondissez votre niveau de vigilance grâce à l'expiration.
Effectuez alors un des exercices du premier degré (le poids, l'extension, la rotation du buste, le haussement des épaules, etc.), tout en affinant votre concentration sur les perceptions corporelles et sur l'image de votre objet neutre et naturel.
Après une pause marquée à la fin de l'exercice, changez l'image de l'objet en votre propre visualisation dans l'espace, prévoyez les mouvements que vous allez effectuer pour vous asseoir, puis asseyez-vous confortablement.
Essayez tout particulièrement de voir votre visage. Curieusement, c'est l'endroit le plus difficile à visualiser... pour la plupart des gens!
Puis vous allez consacrer quelques minutes à chacun de vos sens.

La vue
Voyez vos paupières fermées qui cachent, juste derrière elles, vos globes oculaires. Si vous les bougez horizontalement, vous les sentirez. Imaginez ce qu'ils verraient si les paupières étaient ouvertes. De même, verticalement. Vous pouvez, aussi, faire des « ronds ». Vos yeux sont les organes de la vue.
Qu'est-ce que la vue?
Laissez venir ce que la *vue* peut susciter en vous.

L'odorat
Laissez maintenant vos yeux, descendez le long de votre visage et essayez de visualiser votre nez, de face, de profil. En même temps, sentez l'air qui pénètre dans vos narines, plus frais à l'entrée qu'à la sortie. Cet air est porteur de senteurs.

Où se trouve l'odorat, avec quoi sentez-vous? Quels parfums distinguez-vous?
Laissez venir ce que *l'odorat* engendre en vous.

Le goût
Après quelques minutes consacrées à l'odorat, « voyez » votre bouche, vos lèvres. Imaginez l'intérieur de la cavité buccale, vos dents, votre palais, la langue.
Qu'est-ce que le *goût?*
Goûtez bien votre salive : elle contient les composantes du goût : le salé, le sucré, l'acide et l'amer.
Avec quoi goûtez-vous? Y a-t-il un rapport entre l'odorat et le goût?
Laissez venir ce que le goût peut susciter en vous.

L'ouïe
Essayez de visualiser vos oreilles, de chaque côté de votre tête. Écoutez les sons qui y pénètrent, à gauche, à droite. Qu'entendez-vous? Écoutez bien les sons lointains, à peine audibles. Peut-être même pourrez-vous entendre le silence dans lequel se meuvent les sons!
Qu'est-ce que *l'ouïe* suscite en vous?

Le toucher
Prenez conscience du toucher, en fixant votre attention sur vos mains, sur vos doigts, sur la pulpe des doigts. S'ils sont placés sur les cuisses, sentez le tissu de vos vêtements. Au fait, vos doigts touchent le tissu ou sont touchés par le tissu?
Et puis, tout votre corps touche et est touché, par les vêtements, certes... mais les parties découvertes?
Qu'est-ce que le *toucher* suscite en vous?

Une fois terminée votre méditation sur les cinq (ou sur un) sens, et avant de pratiquer la désophronisation, faites une synthèse de vos découvertes.

Se voir au futur

Cet exercice nous a beaucoup appris...
Par exemple, la répétition de la méditation sur l'ouïe améliore, de façon évidente, la capacité d'entendre et, surtout, d'écouter...!
Or, l'écoute est absolument indispensable à une véritable communication. Hélas...!
La méditation sur la vue est maintenant utilisée dans les rééducations oculaires, etc.

Se réconcilier avec son passé

La rééducation de la mémoire

La mémoire est un sujet tellement passionnant que je lui ai consacré un livre, intitulé *Les étonnantes possibilités de votre mémoire par la sophrologie,* aux éditions Retz.
Il ne s'agit pas, ici, de reprendre le contenu de ce livre mais, beaucoup plus simplement, de vous faire prendre conscience, après le présent et le futur, de ce paramètre essentiel qu'est le passé.
Voilà plus de trois mois que vous vous entraînez. Vous avez très certainement « mûri », aussi pouvez-vous vous pencher sur votre passé, à partir du nouveau présent que vous avez développé, et le reconnaître comme tel, c'est-à-dire le relativiser, le « remettre à sa place ».

Maîtrisez votre passé

Vous n'êtes plus l'enfant que vous avez été!
La maîtrise émotionnelle que vous avez acquise va vous autoriser à revivre votre passé sous un angle nouveau.
Nous allons, comme toujours, utiliser le niveau de conscience très particulier que procure la sophronisation et profiter de l'amplification de la mémoire qu'il permet.
Il s'agit d'activer des souvenirs positifs qui vont « réveiller » les circuits de notre mémoire, les rééduquer, afin de nous réconcilier

avec notre passé (si nous étions fâchés avec lui...). Il s'agit surtout, de s'entraîner afin de développer la mémoire; merveilleuse fonction qui répond à un des tous premiers besoins de l'être humain : celui de connaître, d'apprendre, de comprendre toujours plus.
Avant d'exposer la méthode proprement dite, laissez-moi vous expliquer, très brièvement, ce que nous allons faire.
On parle toujours de trois mémoires, celle à long terme (notre enfance), celle à moyen terme (le milieu de notre vie) et celle à court terme (la mémoire récente). Pour simplifier l'exercice, nous allons diviser notre passé en trois tiers, à peu près, d'égale durée. Si vous avez, par exemple, trente ans, cela fera trois tiers de dix ans.

Structurez votre passé

De nombreux auteurs affirment que ce dont nous nous souvenons, ce sont les points de repères à partir desquels nous pouvons évoquer des souvenirs. Nous prendrons donc, comme points de repères, des dates, des lieux, des circonstances pour *évoquer* trois souvenirs heureux, pris dans chacun des tiers (vacances, récréation à l'école, cadeaux, etc.). J'ai bien dit « souvenirs heureux », c'est-à-dire positifs, agréables. Rappelez-vous qu'en sophrologie nous n'activons que le positif, sans nier pour autant que le négatif existe mais nous ne le sollicitons pas, pour les raisons déjà mentionnées. Et il s'agit ici de rééducation de la mémoire et non de « psychanalyse »...
Cette évocation d'un souvenir agréable fait surgir des « séquences », au début assez floues, qu'il faut *fixer,* c'est-à-dire préciser, détailler. Ce sera le deuxième temps, le premier étant l'évocation.
Une fois le souvenir fixé, revécu avec sa cohorte d'émotions positives, ses « sourires », on laissera venir toutes les *associations positives* qu'un tel souvenir agréable peut susciter : c'est le troisième temps, celui des associations.

Revenez au seuil de la vigilance

Mais cette recherche dans les archives de notre passé doit être ramenée au présent. Il faudra donc changer de niveau de conscience, revenir au bord de la vigilance, pour répéter les trois évocations fixées et leurs associations que l'on pourra présenter, c'est-à-dire décrire, en les résumant, d'un mot, d'une phrase ou d'un signe.

Pour changer de plan de vigilance, il suffira de modifier la position assise : au lieu d'être assis au « fond » de la chaise ou du fauteuil, vous vous assiérez au bord du siège, le dos bien droit, et vous entrouvrirez les paupières afin d'écrire votre synthèse.

Résumé schématique de la méthode :

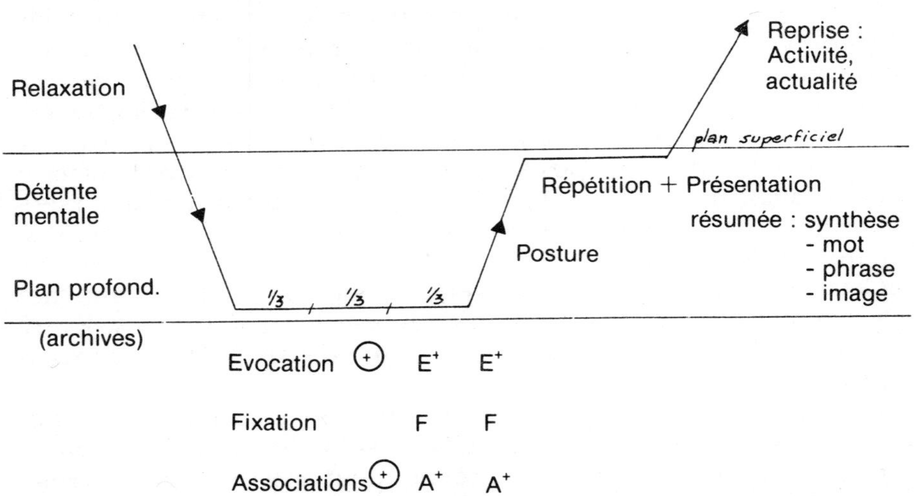

Et maintenant pratiquez

Vous pouvez faire précéder cet entraînement de la mémoire de quelques exercices du premier et du deuxième degré, mais vous pouvez aussi le pratiquer directement.
Une fois obtenu le niveau de vigilance le plus profond possible, évoquez, dans le premier tiers de votre passé, et grâce aux points de repères favorables que vous avez choisis, un souvenir très agréable.
Laissez-le alors venir et, dès que la séquence se précise, fixez-le bien, en revivant tous les détails positifs et en savourant les « sourires » que vous avez vécus. Puis, après un moment, laissez alors venir les associations positives qu'un tel souvenir engendre en vous. Si une association négative se présente, constatez mais ne vous y arrêtez pas, ne l'activez pas.
Revenez aux sensations du présent et savourez, aussi, le présent.
Puis, allez chercher un souvenir positif dans le deuxième tiers, toujours grâce aux points de repères favorables; fixez-le bien, savourez-le et, après un instant, laissez venir les associations positives que ce souvenir suscite.
Revenez aux sensations du présent, appréciez-les bien.
Enfin, évoquez un souvenir heureux dans le troisième tiers, à partir de vos points de repères, fixez-le, revivez-le. Laissez venir les associations agréables qui lui sont attachées.
Revenez aux sensations corporelles présentes et récupérez quelques instants. Si une émotion trop forte vous dérange, vous savez que vous pouvez la neutraliser...
Prenez, maintenant, une nouvelle posture assise.

La posture du cavalier

Quittez l'appui du dossier du siège et avancez tout au bord du siège, dans la position d'un cavalier dont le cheval descendrait

un chemin de colline, c'est-à-dire les épaules doucement en arrière, le menton légèrement rentré et le dos bien droit.
Laissez vos paupières s'entrouvrir, le regard vers le bas, vague, flou. Vous êtes, ainsi, au bord de la vigilance.
Dans cette posture, répétez les trois souvenirs évoqués et fixés et les associations qui les accompagnent; laissez venir, pour chacun des trois, le mot, la phrase ou le signe qui les résument le mieux.
Vous écrivez alors les trois synthèses que vous aurez trouvées.
Vous pourrez pratiquer la désophronisation à partir de la posture ou après une pause de récupération en position confortable.
Comment allez-vous?
Vous avez noté les trois mots, phrases ou signes résumant vos trois souvenirs? Si vous avez envie de noter des commentaires, ne vous en privez pas... Par exemple, y a-t-il un lien entre les trois souvenirs choisis?...

En pratiquant cette rééducation de la mémoire, vous reconstruirez votre passé à partir de votre « nouveau » présent, mais également vous dynamiserez ces circuits de la mémoire indispensables pour « enregistrer » le présent...

Apprendre à apprendre

L'entraînement, durant une semaine, à la rééducation de la mémoire vous aura permis de vous familiariser avec la méthode des cinq temps. Cette acquisition vous sera utile pour un nouvel apprentissage... quel que soit votre âge!
Une des grandes difficultés de l'apprentissage (d'une langue étrangère, par exemple) est le doute que manifestent la plupart des adultes au sujet de leurs propres possibilités de mémorisation... Un professeur d'anglais me disait récemment : « Je n'ai pas des élèves, mais des malades... Ils sont angoissés à l'idée de retenir des mots étrangers! »
Cette « inhibition » est un handicap pour l'apprentissage et le meilleur moyen de s'en débarrasser est de lever le doute.
Pour cela, vous allez choisir un texte à apprendre par cœur. Choisissez bien car je vous promets que vous allez « engrammer » ce texte pour une très longue durée. Ne prenez donc pas n'importe quoi mais, au contraire, un poème, par exemple, que vous aurez plaisir à réciter plus tard.
Placez ce texte devant vous, et de quoi écrire ou enregistrer. Votre entraînement précédent vous aura, sans doute, permis de vous rendre compte de vos systèmes de mémoire : que retenez-vous le mieux, les images, les sons, les parfums, les goûts ou ce que vous avez touché?
Si les sons sont importants pour vous, n'hésitez pas à apprendre à voix haute...

Vous avez bien préparé votre matériel d'apprentissage? Commencez par vous asseoir confortablement.

Lisez bien ceci avant de commencer, pour ne plus en avoir besoin.

Faites une sophronisation simple en relâchant au maximum votre corps et en approfondissant le niveau de conscience.

Lecture et fixation :
alternez les niveaux de vigilance

Prenez la posture au bord du siège, le dos bien droit et les yeux entrouverts.
Lisez alors une partie du texte que vous avez choisi : un vers, deux... toute une strophe, comme vous voudrez (au début c'est peu puis, avec la confiance, ce sera davantage...), à voix haute ou « tout bas », plusieurs fois ou non, à votre rythme.
Une fois bien lue cette portion de texte, refermez les yeux en reprenant une position confortable et en approfondissant, de nouveau, le niveau de vigilance. Là, vous allez évoquer ce que vous venez de lire et bien le fixer, un peu comme si vous l'inscriviez, définitivement, dans vos archives. Au début, il n'y a peut-être pas beaucoup d'associations mais, lorsque vous en serez à la dernière strophe, vous associerez les strophes entre elles.
Reprenez la posture au bord du siège, le dos droit et les yeux entrouverts, répétez ce que vous venez d'évoquer et écrivez-le (ou récitez-le, en l'enregistrant).
Si jamais il vous manquait un mot, ne le lisez pas dans le texte et allez le rechercher dans vos archives, en approfondissant, de nouveau, le niveau de vigilance.
Si tout va bien, vous lisez la suite du texte (sans doute un peu plus chaque fois...) que vous engrammerez ensuite, en position relâchée au plan profond de vigilance, en associant, peu à peu, les différentes strophes. Répétez cette engrammation dans la

posture voulue, au bord de la vigilance, avant de la présenter par écrit ou oralement. Et, ainsi de suite, vous alternez la posture au bord de la chaise pour lire, répéter et présenter, avec la position relâchée, pour évoquer, fixer et associer.
Je résume cela par un schéma :

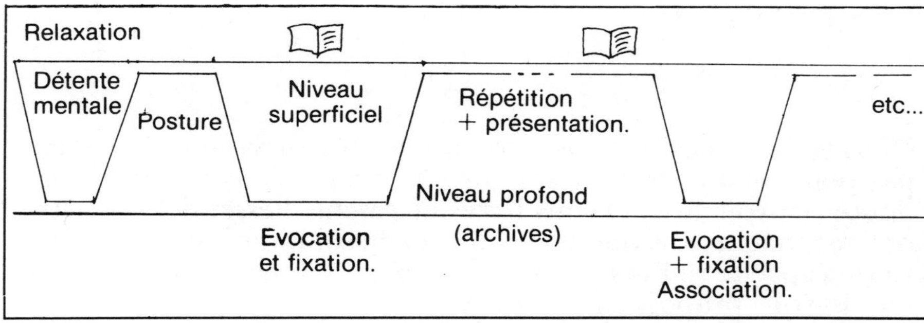

La désophronisation termine cet apprentissage.
Avant de faire un nouvel apprentissage, demain, récitez votre poème en « allant le chercher » dans vos archives, par une sophronisation simple. Vous serez étonné de vos capacités...
Vérifiez, de temps à autre, ce que vous avez enregistré... Vos poèmes sont là, à portée de votre souvenir!
Une fois rassuré, vous pourrez apprendre tout ce que vous voudrez.

Apprendre à synthétiser une lecture

Vous voilà rassuré sur vos capacités de mémorisation. Il ne s'agit pas pour autant de tout retenir par cœur! Vous aimeriez sans doute pouvoir lire certains livres et retenir l'essentiel sans être obligé, chaque fois que vous en avez besoin, de relire tout.
Cette capacité requiert un entraînement à la synthèse et c'est ce que je vous propose maintenant.
Choisissez le livre que vous désirez lire et dont vous voulez retenir l'essentiel.

Lisez bien ceci avant de commencer à pratiquer.

Commencez par une sophronisation simple en position assise confortable et en approfondissant votre niveau de vigilance.
Vous prenez ensuite la posture au bord de la chaise, le dos droit, les yeux entrouverts.
Lisez attentivement, à votre rythme, un chapitre du livre.
Revenez à la position confortable, au fond du siège, et approfondissez votre niveau de vigilance en savourant la détente physique et mentale.
Évoquez alors ce que vous venez de lire en fixant l'essentiel (phrases clés, formules, etc.) et laissez venir toutes les associations que cette lecture suscite en vous (autres lectures, autres chapitres, etc.).

Trouvez la formule juste

Reprenez la posture sans appui, au bord de la vigilance, les yeux entrouverts, et répétez ce que vous venez d'évoquer, de fixer et ses associations. Cherchez alors à résumer, à synthétiser cela d'un mot, d'une phrase ou d'un signe. « Présentez » alors cette synthèse en l'écrivant, soit sur votre carnet, soit sur la page de garde de votre livre, en notant, par exemple : chapitre 1 : « mot » ou « phrase ».
Puis continuez la lecture attentive que la posture vous permet de réaliser.
A la fin du livre, vous aurez ainsi autant de mots ou phrases ou signes que de chapitres.

Lorsque vous désirerez, plus tard, vous référer à ce livre, il suffira de prendre le mot (ou la phrase) correspondant au chapitre, de refaire une sophronisation, de l'évoquer et, par associations, de « reconstruire » le chapitre ou, tout du moins, l'essentiel, comme une pyramide dérivant du mot de synthèse.

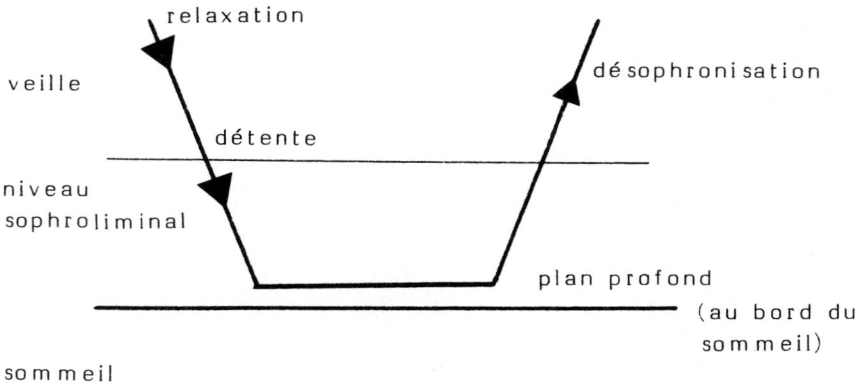

La fonction intuitive

Apprendre à développer l'imaginaire

Je vous ai dit l'importance de l'imagination. Ce sont nos images qui déterminent le fonctionnement de tout notre organisme. Or, il existe deux sortes d'imagination, celle qui est volontaire, c'est-à-dire composée d'images que nous dirigeons, comme les images que nous allons chercher dans notre mémoire, ou encore celles que nous programmons dans notre futur, mais il y a aussi l'imagination involontaire, spontanée, que nous connaissons beaucoup moins bien.

Découvrez l'imagination spontanée...

C'est cette imagination spontanée qui est à l'origine de nos rêves, par exemple. Or, cette imagination involontaire est tout aussi importante dans la détermination de nos réactions : un mauvais rêve nous « influence » longtemps! Nous avons donc intérêt à prendre conscience de ce tissu d'images permanentes, ce canevas sous-jacent qui nous habite à tout moment. En le mettant à jour nous devenons, chaque fois, un peu plus responsables et autonomes.

La sophronisation va, encore une fois, nous aider à cette prise de conscience car, à ce niveau, nous sommes beaucoup plus près de notre réalité totale, et pas seulement superficielle et comportementale.

Nous allons utiliser l'imagination volontaire pour déclencher l'imagination involontaire. Pour cela, je vous proposerai, une fois atteint le niveau de vigilance le plus profond possible, de laisser venir une maison, mais pas la vôtre, ni une autre que vous connaîtriez... Laissez venir une maison imaginaire!

Avant de passer à la pratique, lisez bien le texte afin de ne plus en avoir besoin pendant l'exercice.

Installez-vous confortablement, assis de préférence, et faites votre sophronisation complète, précédée ou non d'exercices de relaxation dynamique.

...et cultivez-la

Approfondissez au maximum le niveau de vigilance, au bord même du sommeil, c'est là que l'imagination est la plus grande. Laissez alors venir la maison, n'importe laquelle, pourvu que vous ne la connaissiez pas...
Observez-la, « promenez-vous » autour puis, entrez et visitez-la, de la cave au grenier, ouvrant toutes les portes que vous avez envie d'ouvrir, tous les tiroirs, toutes les armoires. Appréciez tout le symbolisme que peut recéler tel ou tel élément. Laissez votre intuition vous guider et n'essayez pas de raisonner... pas encore!
Demeurez dans cet imaginaire autant de temps que vous le désirez. Ensuite, revenez aux sensations corporelles du présent que vous savourez. Pratiquez alors la désophronisation pour retrouver le tonus musculaire d'activité et l'actualité.
N'oubliez pas de noter sur votre carnet tout ce que vous suggère cet exercice. En le relisant plus tard, vous découvrirez sans doute des significations qui ne vous ont pas « sauté aux yeux » immédiatement!
Surtout, dédramatisez toute image qui vous semblerait « désa-

gréable » : il s'agit, la plupart du temps, d'images symboliques qui nécessitent une interprétation « à froid », où l'intuition a un rôle déterminant à jouer.

Si cet exercice vous plaît, vous pourrez varier les thèmes : imaginer une rivière que vous remonterez, à l'aventure, jusqu'à sa source inconnue, aller trouver un « vieux sage » à qui vous poserez la question qui vous tient à cœur, etc.

Apprendre à maîtriser l'énergie vitale

L'intuition se manifeste au niveau corporel, comme la plupart des fonctions de la conscience, mais elle se manifeste aussi au travers de cette imagination spontanée que vous venez de cultiver durant une semaine.
Il s'agit, maintenant, de prendre conscience de l'énergie vitale qui nous anime, au travers des trois fonctions activées et développées au cours de ces quatre mois et demi d'entraînement : la sensorialité, le sentiment et l'intuition.

Vous avez dit énergie vitale?

Cette énergie vitale est primordiale et, pourtant, elle est très mal connue, rationnellement parlant. Elle n'est pas seulement composée de « calories » dégagées par la combustion des aliments, grâce à l'oxygène... Elle est aussi le « moteur », la motivation de la vie, son sens! Elle est l'espoir qui nous anime, elle est l'amour, elle est la colère, elle est... Mais où est-elle? Comment la sentir, la ressentir, la pressentir? Comment l'activer, la maîtriser?
C'est cette prise de conscience que je vous propose de réaliser, grâce à une méditation sur l'énergie vitale.

La fonction intuitive

Ne pratiquez pas cette méditation si vous n'avez pas eu la patience de vous entraîner préalablement aux méthodes proposées, ce serait peine perdue...

Lisez bien le texte, avant de pratiquer.

Je vous recommande de refaire, si vous ne le faisiez plus, un exercice du premier degré et un exercice du deuxième degré; il facilitera la prise de conscience de l'énergie vitale, grâce à l'amplification qu'il aura produite.
Prenez donc la position debout, bien ancré dans le bassin, et pratiquez la sophronisation simple. Une fois relâché et détendu, laissez venir votre objet neutre et pratiquez un exercice du premier degré, comme l'exercice du haussement des épaules, trois fois. Vous vous emplirez alors de l'oxygène nécessaire à l'énergie vitale.
Une fois la pause de récupération bien appréciée, laissez de côté l'objet naturel, pour le remplacer par votre propre visualisation dans l'espace, ici et maintenant.
Asseyez-vous confortablement, approfondissez la relaxation et la détente mentale et pratiquez, en vous percevant et en vous voyant, un exercice du deuxième degré comme l'exercice de la tête, trois fois en arrière et trois fois en avant, en respiration synchronique. L'oxygène renouvelé par le premier exercice va profiter à votre cerveau!
Prenez alors la posture sans appui utilisée dans les deux derniers temps de la rééducation de la mémoire : au bord du siège, le dos parfaitement « rectifié », le menton légèrement rentré, les épaules doucement en arrière; placez un poing fermé sur le bas-ventre, entre l'ombilic et le pubis, sur cette région que les Orientaux nomment le *hara,* l'autre main recouvrant le poing fermé. Les genoux sont plus bas que le bassin.
Votre autovisualisation vous a permis de prendre cette posture « juste ». Abandonnez, maintenant, cette capacité de vous voir, pour vous consacrer à celle de vous percevoir, du dedans.

Sentez bien l'attraction vers le bas, dans votre bassin, ce qui favorise la libération du buste et de la tête, vers le haut.

Concentrez-vous sur votre respiration abdominale basse

Une fois acquise la posture juste (cela vous demandera quelques répétitions...), concentrez toute votre attention sur votre « respiration abdominale basse », sous vos deux mains, un peu comme si vous n'étiez plus que ce point sous-ombilical, centre de tout votre être, source de toute votre énergie, de tout votre élan vital.

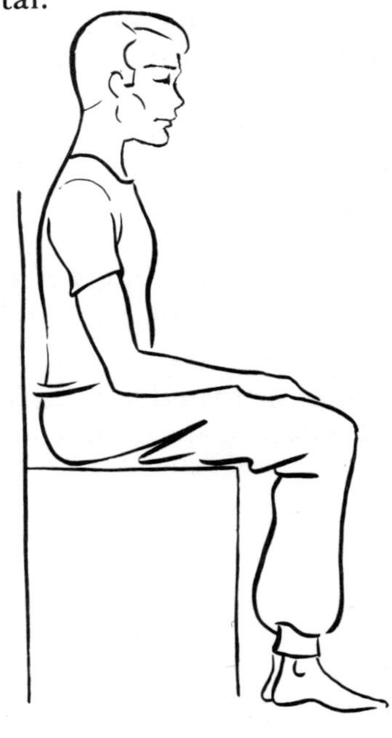

position assise « normale »

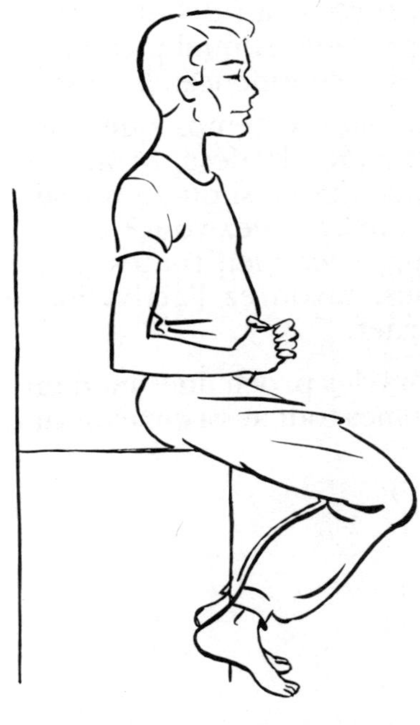

posture au bord de la chaise dite « du cavalier »

Entrouvrez les paupières, le regard, vague, « posé » à un mètre, environ, devant vos pieds.

Demeurez ainsi, aussi longtemps que vous le pourrez, en mentionnant, à chaque expiration les mots d'« énergie vitale ». Elle est là, sous vos mains, sous l'ombilic. Sentez-la, vivez-la, ressentez-la, pressentez-la. Laissez venir tout ce qu'elle peut susciter en vous. Essayez de ne pas réfléchir mais, au contraire, de vous laisser aller et de laisser venir. Vos mains peuvent, à chaque expiration, l'accompagner d'une très légère pression.
Savourez les manifestations de l'énergie vitale, sous toutes ses formes.
Si, surtout au début, cette posture devient trop inconfortable, reposez-vous quelques instants en position assise plus relâchée puis recommencez la posture juste.

Lorsque le temps que vous vous êtes accordé se sera écoulé, pratiquez la désophronisation et revenez au tonus musculaire d'activité ainsi qu'au niveau de vigilance de l'actualité.
Comment allez-vous?
Appréciez bien toutes les modifications qui se sont opérées en vous, savourez l'activation énergétique. Notez tout sur votre carnet.

Lors des prochaines méditations, vous pourrez prendre d'autres thèmes tout aussi enrichissants, comme la « nature », « la vie », etc.

Faites le bilan

Au terme de ces cinq mois (bientôt!) d'entraînement, vous avez pris conscience des trois fonctions restées latentes durant toute votre éducation « analytico-logique », je veux parler de votre corporalité, de votre fonction sentiment et de votre intuition.
Grâce à l'imagination retrouvée, vous allez pouvoir vous « amuser » à concrétiser ces trois fonctions et, aussi bien la fonction rationnelle que nous n'avons pas particulièrement privilégiée, durant tout ce temps.
Pour ce faire, il va falloir utiliser le niveau de vigilance le plus profond pour « personnifier » ces fonctions. Vous allez imaginer un endroit, chez vous, où vous avez l'habitude de recevoir vos amis. Vous avez « invité » vos fonctions et vous allez les accueillir. Ne prévoyez, pour l'instant, rien de particulier. Attendez d'être en état de disponibilité totale pour que votre intuition puisse intervenir.

Avant de pratiquer, lisez le texte.

Je vous propose de commencer par une sophronisation debout, grâce à un relâchement total du corps et une détente mentale profonde. Vous pouvez prendre l'image de votre objet naturel. Pratiquez une activation de votre corporalité en tendant tous vos muscles, des pieds à la tête, trois fois, puis relâ-

chez-vous encore plus, en savourant cette foule de sensations amplifiées qui vous permettent d'intégrer votre corporalité, au présent.
Laissez votre image naturelle, visualisez-vous dans l'espace et asseyez-vous.
Approfondissez votre relâchement et votre détente tout en vous percevant et en vous visualisant. Appréciez bien ce sentiment de soi, existant, participant au monde.
Laissez, maintenant, cette capacité de vous voir, pour vous percevoir, du dedans.

Recevez vos invités de marque

Vous allez utiliser l'épanouissement de votre imagination pour « voir » cette pièce, chez vous, où vous recevez vos invités.
Imaginez-la aussi distinctement que possible, et essayez de vous voir, vous-même, préparant ce qu'il faut pour accueillir ces personnages que vous ne connaissez pas encore, mais qui vont vite devenir des familiers. Préparez cinq sièges, dont un pour vous-même.
Voilà que l'on frappe ou que l'on sonne à votre porte. Allez ouvrir au premier invité qui sera, par exemple, votre rationalité... Observez bien qui est là : une personne, une forme, un animal? Saluez l'invité et remarquez la manière dont il vous rend votre salut. Accompagnez-le ensuite jusqu'au siège que vous avez prévu pour lui.
On sonne une deuxième fois et vous allez ouvrir au deuxième invité qui sera, par exemple, votre corporalité... Observez qui est là! Vous vous saluez et vous l'accompagnez aussi jusqu'au siège prévu. Comment la raison et le corps se saluent-ils?
On vient de frapper une troisième fois et vous allez ouvrir au sentiment, à l'émotion... Qui est là? Saluez-vous, embrassez-vous et accompagnez votre hôte jusqu'à son siège. Comment se saluent les trois personnages présents?

Enfin, l'intuition vient de s'annoncer et vous allez lui ouvrir... Qui est-ce? Comment les autres l'accueillent-elles?
Vous allez vous-même vous asseoir à la place que vous avez prévue et vous entamez une conversation avec eux, sur les thèmes : « Qu'est-ce qui va bien? », « Qu'est-ce qui va moins bien? » et, surtout, « Qu'est-ce qu'il faudrait faire pour que ça aille parfaitement bien? »
Autant que possible, laissez-les parler... Ils ont, très probablement, des tas de choses à vous dire!...
Puis, lorsque vous aurez l'impression qu'ils ont tout dit pour cette fois, prenez congé d'eux et raccompagnez-les à la porte. Observez bien comment ils se saluent et de quelle manière ils s'en vont... peut-être en ayant pris rendez-vous avec vous...?
Revenez alors vous asseoir sur le siège que vous occupiez, pour tirer les leçons positives d'une telle « rencontre » et en faire la synthèse.

Enfin, laissez de côté ces images, revenez aux sensations corporelles présentes et vous pratiquez la désophronisation, tout en appréciant le retour du tonus musculaire d'activité et du niveau de vigilance de l'actualité.
Notez bien, surtout, les révélations que cette « méditation » vous aura apporté.

Vous pourrez pratiquer cette technique, de temps en temps, lorsque vous voudrez constater les progrès réalisés dans votre évolution.
Ne vous étonnez pas des différents aspects, des différentes formes que peuvent revêtir les personnages : il s'agit d'un langage symbolique qu'il faut se garder d'interpréter à la hâte. Vous vous habituerez, peu à peu, à ce langage étonnant que seule l'intuition est capable de déchiffrer.

VOTRE MÉTHODE PERSONNELLE

L'entraînement que vous avez pratiqué durant cinq mois n'est, si vous le voulez bien, qu'un début à votre émancipation totale. Vous commencez à vivre d'une manière différente, enrichi par la perception de votre corps, du sentiment de votre participation au monde, d'une certaine maîtrise émotionnelle et d'un début d'intégration de cette fonction merveilleuse qu'est l'intuition.
Mais cette conclusion n'est pas une fin; plutôt le commencement d'un chemin qui mène vers la responsabilité, l'autonomie et l'authenticité.
La sophrologie est née au sein de la médecine et elle a toujours un grand rôle à jouer en tant que thérapeutique holistique moderne, mais elle a vite pris une voie sociologique passionnante, non seulement préventive mais aussi initiatique, à la portée de tous.
En effet, elle n'est pas réservée à une élite intellectuelle ou privilégiée. Elle peut être pratiquée par tout le monde, n'exigeant qu'un peu de volonté et de discipline existentielle.
Trouvez votre moment et votre lieu d'entraînement et « installez » ce rendez-vous avec vous-même, dans la « chaîne » de votre quotidien. Comme vous déjeunez ou vous vous lavez les dents, pratiquez régulièrement, durant un quart d'heure, vingt minutes.
Vous n'aurez pas à le regretter car vos « bénéfices » seront, très rapidement, tangibles. Vous renforcerez votre santé, vos capacités intellectuelles, votre résistance à l'effort, votre maîtrise émotionnelle, votre créativité...
Choisissez, parmi les exercices que je vous ai proposés, ceux qui vous ont apporté le plus, ceux que vous aimez, et construisez

votre propre méthode personnelle, en variant les mouvements de relaxation dynamique et en diversifiant les techniques statiques.
Ici se termine le rôle de ce *guide :* vous êtes, maintenant, votre propre *guide.*
Permettez-moi de vous souhaiter tout le « positif » que la Vie peut vous offrir et que votre Conscience renforcée pourra capter et intégrer.

BIBLIOGRAPHIE

CAPRA F., *Le temps du changement,* éd. du Rocher.
Le Tao de la physique, éd. Tchou.

CAYCEDO A. et DAVROU Y., *L'aventure de la sophrologie,* éd. du Moustier.

DAVROU Y., *La sophrothérapie,* éd. Retz.
Les étonnantes possibilités de votre mémoire par la sophrologie, éd. Retz.
Comment relaxer vos enfants, éd. Retz.
La relaxation sophrologique (cassettes), éd. Retz.
Les trois manuels de la formation sophrologique, éd. du Moustier.

DAVROU Y., MARES G., *La dynagogie du tennis,* éd. du Moustier.

FELDENKREIS M., *La conscience du corps,* éd. Robert Laffont.

JUNG C. G., *Psychologie du transfert,* éd. Albin Michel.
L'énergétique psychique, Librairie de l'Université (Genève).

SAINT-ARNAUD Y., *La psychologie,* éd. du CIM (Montréal).
La personne humaine, éd. du CIM (Montréal).

Cet ouvrage a été composé
et achevé d'imprimer
en octobre 1989
par l'Imprimerie Floch à Mayenne.
Dépôt légal : octobre 1986.
N° d'imprimeur : 28533.
N° d'éditeur : 362.